其他作者介绍

谷慧敏，北京第二外国语学院旅游科学学院院长、教授，中国旅游研究院饭店产业研究基地主任，主要研究领域包括酒店集团品牌化与国际化、企业社会责任以及酒店产业发展演变与趋势。

张超，北京第二外国语学院旅游科学学院教授，经济学博士，主要研究领域为制度约束下的酒店与旅游消费行为、健康消费行为与生活质量、康养旅游产品开发与规划。

王俞，北京第二外国语学院旅游科学学院副院长，管理学博士，主要研究领域为酒店管理、跨文化管理与沟通。

雷铭，北京第二外国语学院旅游科学学院副教授，心理学博士，主要研究领域为酒店组织行为、酒店心理学、认知神经科学。

江静，北京第二外国语学院旅游科学学院副教授，管理学博士，主要研究领域为领导力与组织管理。

李朋波 秦宇 李彬 等◎著

酒店学人 文集
(2017—2018)
HOSPITALITY SCHOLARS' ESSAYS
(2017—2018)

北京·旅游教育出版社

基金项目

本成果受国家自然科学基金青年项目（71702005）、北京市教委社科计划项目（SM201810031001）、北京旅游发展研究基地科研项目（LYFZ17B001）的共同资助。

酒店研究的责任担当与学术自觉

——序《酒店学人文集（2017—2018）》

2004年，北京第二外国语学院党委任命我主持科研处工作。在杜江院长的支持下，和张辉教授、张凌云教授、谷慧敏教授、殷敏副教授，以及秦宇博士、厉新建博士、李宏博士诸同志一道，依托北京旅游发展研究基地做了口述历史库、导游语料库、旅游集团案例库、国内外学术进展评价、旅游研究文集等若干基础性项目。口述历史项目涉及文献、历史和旅游的学科融合，请宋志红同志牵头，组织校图书馆和旅游学科的力量展开。当时与学科的同志商量后定了几条原则：著作权归口述者所有，我们只是记录者；孤证不立，当事人的回忆只是留待考证的史料，而非史论；向当事人承诺，也是出于学术伦理的自觉，未经所有当事人同意，不得合集出版。之所以做这样的看上去"吃力不讨好"的项目，并规定这些自我约束的规则，就是担心缺乏科学伦理审视的旅游研究，会沿着项目、论文、基金、人才、帽子、平台这条可以精准算计、精致利己的路子一路狂奔，最终让看上去很美的名声反噬学者的纯真和学科的未来。

好在还有慧敏同志和秦宇、李彬、朋波、张超、王俞、雷铭、江静博士她们在。

五年前，秦宇教授和酒店教学科研团队依托"二外酒管院"的微信公众号，发表了大量直面产业现实问题的原创文章。我很是喜欢这样的文风，也多次在演讲中表示赞赏，并在不同场合对学术界、产业界、政府部门和行业媒体做了推荐。为了让更多人可以方便地读到这些文字，加上团队的学术自觉和历史意识，他们每两年精选若干有品质的文章，以《酒店学人文集》为题公开出版。这样的坚持对产业有帮助，对学术有引导，对历史有交代，总之是一件很好的事情。

好的产业研究是要有学术风格的。从"酒店职业经理人"的人才培养定位，到"服务产业、直面问题"的研究理念，再到"实践性与严谨性统一"的文章风格，二外酒店管理学派的风格正在逐渐成形，产业影响的范围和学术同行的队伍正在持续扩大。

学术风格是要依靠优秀团队传承的。从具有国际视野的谷慧敏教授，到科班出身的秦宇教授，再到直接对话创业者的李彬、朋波博士，时代在进步，精神在传承。学者自觉与产业相结合，既要做时代的出题者，也要做产业的答题者。令人欣慰的，不论是学术型研究生、旅游管理专业硕士生，还是酒店管理本科生，自觉认同并自觉加入团队的年轻人越来越多了。

优秀团队要有与之相适应的传播平台，如果没有，就自己创造一个。与首部文集相比，第二本酒店学人文集的45篇文章，选题、观点和文风都容易为业者所接受。我认真学习了文集的所有文章，《中国住宿业规模到底有多大？》《酒店"六小件"的可为与不可为》《薪酬差距：说说这个"不能说的秘密"》《此心安处是吾乡：民宿何以承载跨越时空间的乡愁？》都是很高质量并将历史记住的文字。只是在现有的科研成果发表和评价体制下，又很难被纳入，甚至找不到发表的平台。这没什么，有平台发表更好，没有平台发展我们自己创造一个；能纳入体制评价更好，不能纳入，我们就交给产业和历史去评价。

我们相信，优秀的成果和人才，应当也可以为当下的评价机制所兼容。我们相信，"文以载道、无文不远"的知识分子传统，加上具有共同价值的现代科学精神，科研体制将会不断完善。我们更相信，"经国之大业、不朽之盛事"的文章，"但开风气不为师"的历史托命之人，从来就不是，也不可能被当下评价出来的。

我喜欢读《酒店学人文集》，我愿意和你们同行。

中国旅游研究院院长
2020年2月9日

前　言

聚焦和扎根于某一个产业开展管理研究，无疑是一件非常重要的事情，尤其是近几年学界和业界对管理学研究脱离实践的批判之声愈发强烈的背景下，这更是一件非常难得的事。记得2018年夏天的一天傍晚，参加了一个十人不到的同行非正式研讨，当向大家介绍自己目前所在的北京第二外国语学院酒店管理学院（2018年底机构调整后，现为北二外旅游科学学院的酒店管理系和健康产业管理系）聚焦于饭店业并以此为情境开展研究时，在场的同行们不约而同地表达出了"赞赏"乃至"羡慕"，因为现行的以成果发表为导向的管理学研究，使得更多的管理学者致力于在"顶天"的理论层面做出贡献（当然，目前这样的贡献也是相当不够的），而对扎根和考察实践的"立地"关注不够，原因在于"立地"除了不会有太多成果产出外，还需要投入大量的时间和精力，"出力不讨好"的意味很浓。

但是，扎根实践又是一件多么自然的事情，尤其是对于管理研究而言，失去了实践的广阔土壤是很难贡献什么有价值的知识。从这个角度来看和令我们感到些许自豪的是，从2017年出版的《酒店学人文集（2015—2016）》到现在出版的《酒店学人文集（2017—2018）》，都是我们对饭店产业各个层面现象的观察和思考，"实践性"是这些文章最为明显的特征，从指导实践的作用来看，这些文章通过"酒店学人"微信公众号推送后或多或少会对饭店产业及其企业的发展起到一些积极的作用。另外，作为一批身处高校以管理学研究为主业之一的群体，我们的这些观察和思考并不是随意的，观点提出和文字写作也必须体现研究工作所应有的严谨性。因此，总的来看，"实践性"和"严谨性"是这两部文集都具备的双重特征。

同我们结集出版的第一本文集一样，这本《酒店学人文集（2017—2018）》关注的是这两年饭店产业所处的新情境、出现的新现象和面临的新议题，通过这些文章可以提炼出这两年饭店产业的一些主题词，主要包括以下几个：

第一，高质量发展驱动。高质量驱动下的产品和服务升级，成为促进饭店产业发展的主要动力。党的十九大以来，"高质量"成为指导我国经济发展的核心指导，表明我国经济已经由高速度增长阶段转向高质量发展阶段，具体到饭店这个细分行业也是如此，饭店行业也逐渐由"量驱动"进入了"质驱动"的阶段。高质量发展不仅是国家政策层面的要求，也是行业发展的必然趋势，而促进饭店行业必须进入高质量发展阶段的最大动力则来自消费者一端，即消费者对饭店产品和服务品质的要求越来越高，加之是不时出现的公共危机事件，使得社会大众开始广泛关注饭店的品质问题。因此，当前如何在高质量驱动的背景下来实现饭店产品和服务的升级，成为行业实践者和研究者面临着的重要议题之一。

第二，文旅融合提品质。在国家机构改革实施、文旅产业发展政策等作用下，"诗"和"远方"也终于走在了一起，"文旅融合"成为过去几年中和当前文化和旅游产业发展最重要的议题。在此背景下，包括饭店在内的旅游业开始更加重视通过"文化"的力量在促进产业及产品升级。我们看到，随着消费升级，无论是饭店的消费者还是饭店企业的经营者，都愈发重视挖掘、创造、设计或营造饭店的文化属性，并将文化作为实现产品差异化、个性化最重要、最高端的"一张牌"。这其中，既有对饭店所在地域文化的挖掘和落地，也有针对某一类消费者文化诉求的满足，更有对某一主题文化的设计。也正因为这种趋势，各类文化主题酒店逐渐在整个饭店业中占据了重要的一席之地，饭店企业对文化的认知、挖掘和设计能力也得到了不断提高。

第三，特色化创新发展。随着用户年轻化和个性化需求趋势的不断加强，加之各个细分市场竞争的竞争不断加剧，通过产品和服务的特色化创新是饭店企业获取和保持竞争优势的核心来源。我们可以看到，之前特别注重产品和服务差异化的中端饭店更加注重个性和特色，使得中端饭店市场呈现出更加细分的态势，针对某一特征群体的产品不断涌现；之前强调高品质和标准化的高星级酒店也更加注重个性化产品的开发，并有力地推动了高端酒店在中国市场的回暖乃至重振；传统的被认为是不具备太过格调的经济型酒店，到现在也形成了一批定位清晰、特色鲜明的"有调调"的产品和服务。此外，民宿的发展速度不断加快，具有鲜明地域文化特征、主题鲜明、品质卓越的民宿产品受到消费者的关注和追捧，很大程度上在饭店业特色化创新过程起到了引领作用。这些在追求特色化创新的现象背后，也表征着我国饭店产业逐渐走向一个产业新的成熟阶段。

第四，新技术促进升级。在过去几年中，人工智能无疑是受到最广泛关注的热门词之一，与此相关的各种新技术及其应用也受到了前所未有的重视。与其他行业领域相同，人工智能对饭店行业也带来了前所未有的机遇和挑战，饭店作为引领新生活方式的重要场景，与人工智能相关的技术在饭店的落地，势必成为它们在人们生活中得以应用的重要试验场。尤其是，由于饭店行业长期受到人力资源缺乏和成本高居不下的状况，在一定程度上促进了机器人等在饭店中的使用。同时，人工智能、大数据、互联网等也成了饭店教育和人才培养中的关键词，国内诸多饭店与旅游院校开始设置相应的专业方向，为未来这些技术在行业中的广泛运用提供了人才保障。但也需要注意到，人工智能目前在饭店业作为一个概念的意味更重一些，未来的发展情况还需要我们拭目以待。

第五，品质问题仍突出。最令人头疼也是大家最不愿意看到的是，在2017、2018这两年中，由于饭店产品和服务品质问题导致的行业及企业危机事件依然持续发生，"卫生门""床单门"等事件将不少知名饭店推到了社会大众批评之声的风口浪尖，使得本来在经营上就已经遇到难题的饭店行业的光景更加难过。但是，我们需要对此有非常可观和冷静的认识，这些问题于"表"于"里"都是非常严重的问题。在表面上，这些关乎产品和服务的品质，这恰恰正是饭店需要把住的底线，但这个底线却时不时地失守；在本质上，这些问题反映的是当前饭店行业面临着的系统性问题，是什么带来了品质上严重滑坡？这可能涉及行业标准执行不严格、高素质人才缺失、内部管理不完善等一系列问题。无论是在表面上还是在本质上，都需要饭店行业的集体努力，通过更高水平的行业标准和更好的经营水平来加以解决。

第六，老难题仍然丛生。自"酒店学人"微信公众号创立以来，我们就关注了一系列行业发展中面临的难题，几年的考察下来会发现，那些曾经被认为是短期或阶段性的问题到目前为止仍然未能得到破解，一些问题甚至出现了持续加剧的态势。以笔者所关注的人力资源、组织管理等议题为例，其一，人力资源不足、从业者整体素质偏低、离职率居高不下、成本占比偏高等，在过去五年中一直都是饭店人力资源开发与管理的热词，而且一直没有改变，在笔者团队最近开展的企业调研中，这些仍然是HR经理们谈到的最为频繁的词，这说明人力资源的问题已经成为长期困扰行业发展的难题之一，这种情况在未来延续和加剧的态势明显；其二，组织变革的问题，诸如管理模式与互联网时代不符、激励机制失效、组织结构不合理、薪酬差异偏大等，是我们在过去几年调研中遇到最多的问题。尽管近几年在组织和管理变革上做出了很多探索，但整体来看相比于高科技、互联网等行业，饭店行业的变革性还是远远不够的，这使得行业在管理的时代性上要落后一些。

除了以上几个主题词外，如果关注点和视角不同，一定还能为饭店行业找到更多主题词，笔者在这里阐述的六个主题词一方面是不全面的，另一方面也是从过去两年"酒店学人"微信公众号推送的几十篇文章中进行的归纳和提炼。

正如前文所言，我们这个团队关注的议题具有一定的"时事"特点，这种特点可以集中体现在这本文集中。经过筛选，这本文集共收集了2017至2018年"酒店学人"微信公众号推送的45篇文章，划分为四个篇章。第一篇为"发展与政策"，包括12篇文章，这些文章集中于在产业发展与政策制定方面的思考、分析、考察和建议等，尤其是关注了在当前文旅融合的政策背景下和共享经济时代背景下饭店业的发展路径。第二篇为"战略与运营"，包含13篇文章，集中于对饭店企业战略制定、发展路径、日常运营、创业创新等方面的探讨。第三篇为"组织与人力"，包含10篇文章，分布于饭店企业组织设计、人力资源、员工激励、薪酬差距、领导力开发等细分主题；第四篇为"创新与变革"，包括10篇文章，涉及对产品创新、营销模式创新及创新模式本身等方面的分析。

希望这些文章能够对饭店产业发展与相关政策制定、企业管理实践产生积极的影响。当然，这些文章一定还存在一些不足之处，敬请本书的读者们批评指正。

最后，正如上一本酒店学人文集中提到的，我们之所以将这些文章结集出版，是呼吁和期待大家来一道努力，共同讨论和破解中国饭店产业及企业发展中的一系列重要议题，并在此过程中为行业持续发展贡献力量！

李朋波

2019年10月

于北京第二外国语学院知行楼

目 录

第一篇 发展与政策

全域旅游视域下呼唤旅游政企新关系 …………………………… 李 彬 003
民宿业的政府规制应建立在中国国情基础上 ………………… 谷慧敏 黄 伟 006
酒店的名义何在？……………………………………………… 靳秀娟 李朋波 008
资本助力酒店业腾飞：酒店扩张背后的资本逻辑 …………… 程家鑫 谷慧敏 012
共享经济为住宿业提供了巨大商机 …………………………………… 王 俞 017
中国住宿业规模到底有多大？ ……………………………… 秦 宇 李 彬 020
直面新矛盾新问题，推动优质旅游发展 …………………… 谷慧敏 雷 铭 023
矛盾中前行，无问西东
　　——对2017年中国酒店业的评论与随想 ………………… 李 彬 杨露鹭 025
通过技术提升酒店产业质量发展 …………………………… 徐凯伦 谷慧敏 030
民宿发展：既要正视挑战，也要捕捉机遇 ………………………… 谷慧敏 033
饭店业开放、改革与发展四十年：重要事件回顾及解读 ……………… 秦 宇 036
加强文旅深度融合，促进酒店业优质发展 ………………… 谷慧敏 宋潇潇 043

第二篇 战略与运营

由"美联航强制乘客下机事件"反思酒店超额预订中的法律及伦理问题
　…………………………………………………………… 谷慧敏 王 静 049
从工具逻辑到价值逻辑
　　——有限服务酒店业的突围与回归 ……………………………… 秦 宇 051
闯入酒店业的新物种 …………………………………………………… 李 彬 056
酒店"六小件"的可为与不可为 ……………………………… 邓素葭 张 超 060
关于酒店行业"客大欺店"的思考：顾客欺凌的角度 ………………… 雷 铭 063
对连锁酒店集团采用特许经营模式的几点思考 …………… 李 彬 俞 聪 067
"标准"的终极意义在于尊严 ………………………………………… 李朋波 072
问道台湾民宿，助力大陆民宿业态腾飞
　　——以中国台湾最美民宿"树也ChooArtVilla"为例 …… 张 壮 秦 宇 075

从虹夕诺雅看中国酒店文化传承 ………………………… 姜姗姗 秦 宇 078
隐逸之美：打造度假酒店的零帕空间 ………………………… 胡泽扬 张 超 083
从"无人酒店"看酒店业的数据化赋能 ……………………………… 李 彬 089
从OYO的快速扩张看酒店市场下沉趋势与应对策略 ……… 李 彬 哀 佳 093
健康酒店的类型及成功路径探析 ……………………………… 黄艳艳 李朋波 097

第三篇　组织与人力

把握员工权力需求，让授权管理更有效 ……………………… 李朋波 黄艳艳 105
顾客价值导向：需要自外向内的组织管理体系设计与变革 ……… 李朋波 109
薪酬差距：说说这个"不能说的秘密" …………………………………… 李朋波 112
此间应有爱 ……………………………………………………………………… 江 静 116
第一节《职业素养》课：我们何以成就自我？ …………………………… 李朋波 118
第二节《职业素养》课：让目标选择事儿，别让事儿选择目标 ……… 李朋波 121
打造酒店职业社会化用工平台的思考 …………………………………… 王 俞 124
饭店业的社会贡献：为农民进城务工提供专业平台 …………………… 李朋波 126
饭店企业应注重老年人力资源开发与利用 ……………………………… 李朋波 129
机器人在酒店中应用的再思考 …………………………………………… 李 彬 133

第四篇　创新与变革

懂你：抓住心才能打动人 …………………………………………………… 李朋波 139
短租鼻祖Airbnb：让爱成为生产力 ……………………………… 刘春燕 秦 宇 145
人工智能来袭：酒店行业会如何改变？ ……………………………… 雷 铭 149
快闪酒店：住宿时空的重新定义 ………………………………… 刘玲燕 张 超 152
酒店与IP如何碰撞出火花？ ……………………………………… 陈 阳 秦 宇 156
从Toyoko Inn看中国经济型酒店的突破之路 ……………… 陈 阳 秦 宇 160
中国旅游企业创新浪潮与2017年旅游企业创新模式分析 ……… 李 彬 165
2018年旅游业创新模式与趋势分析 ……………………………………… 李 彬 171
新住宿时代下亚朵的"换道超车"与创新实践 ………………… 杨露鹭 李 彬 177
此心安处是吾乡：民宿何以承载跨越时空的乡愁 …………… 翁怡圆 张 超 182

后记 …………………………………………………………………………………… 187

第一篇

发展与政策

全域旅游视域下呼唤旅游政企新关系

李 彬

内容提要：伴随外部环境的巨大变化，旅游业将迎来一次具有历史意义的改革创新机遇，而"全域旅游"的提出则拉开了这场改革大戏的大幕，吹响了各地区以旅游促改革、谋发展的集结号。在这场改革的大潮中，作为旅游市场主体的旅游企业以及旅游市场的裁判员和服务人员的旅游行政主管部门，将是两股重要力量持续推动着旅游业的改革发展进程。

笔者曾有幸参加 2016 年 9 月 1 日至 13 日由国家旅游局主办的"第一期中国旅游发展改革青年研修班（全域旅游主题）"，本文修改自在培训班的结业总结汇报。

在本次培训班与一些旅游主管部门人员交流时，我了解到了这样的声音："酒店、旅行社、导游等的审批与监管越来越不需要旅游局了，连对口的职能部门都撤了"；"旅游局是政府部门，不应该对旅游企业指手画脚，所以不用去管了"；"全域旅游下旅游企业的类型、旅游企业的运营模式太多了，不知道怎么去管"。引发我思考的是，在这些声音背后是许多地方旅游行政主管部门，一方面对当今旅游企业，特别是那些中小微旅游创业企业认识不足、了解不够，认为只是在北京、上海、深圳等大城市中的旅游企业有市场主体地位，在那些旅游业尚不成熟的地方，还是要靠政府主导，旅游企业还要"靠边站"；另一方面，面对新环境、新问题，一些官员对如何引导、服务、管理旅游企业仍然找不到新的思路与对策。事实上，我们的学术研究结果表明，只有旅游市场主体发育成熟并健康发展，旅游业的改革创新才会有坚实的基础，旅游业才会健康持续发展。政府主导可以解一时之渴，但如果不能切实与旅游企业建立良好的关系，不能培育更多旅游企业在市场中健康有序地发展，将会在发展后劲上表现出不足。

从我国旅游业近四十年的发展历程，特别是近几年来大众旅游的蓬勃发展，以及"大众创业、万众创新"在旅游领域中的推进来看，在可预见的未来，我国旅游业将会在游客需求和行为发生质变的基础上产生"突变式"的变化，理由之一就是旅游业、旅游市场的主体——旅游企业将会成为旅游主管部门之外的能够促进旅游业全面深化改革、不断创新的战略性主导力量。因此，在全域旅游的新背景下，如何引导和服务旅游企业的发展，使之培育成为旅游市场中的主体，是旅游主管部门需要思考的重要问题。

具体来看，有如下几个观点供参考。

第一，充分尊重旅游企业的市场主体地位。旅游市场的资源配置本质上要依靠旅游企业的落地与执行，因此充分尊重旅游企业市场主体地位就要切实推动政府的简政放权、放管结合，在旅游企业投资、特许经营权审批、运营管理监管等方面规范政府"看不见的手"，从而以供给侧结构性改革提高供给体系的质量和效率，进一步激发市场活力。

第二，建立良好的商业生态环境与制度环境。旅游企业的良好发展需要有良好的外部环境，包括以健康的市场经济为基础的商业生态环境，以及以各类相关法律法规为基础的制度环境、规则环境，这其中，旅游行政主管部门需要做好"裁判员"，通过联合其他相关部门构建良好的联动机制，依靠法律法规进行裁决。特别是在全域旅游背景下，更应该在法治基础上，构建全新的旅游目的地的政企治理环境。

第三，充分释放旅游企业创新创业、旅游共享经济潜在的巨大动能。从国内外经验来看，旅游业是最适合创新创业的产业之一，其特点是旅游中小企业众多、旅游业态众多、旅游业进入的门槛较低、旅游需求多样且持久，具有创业创新属性的中小旅游企业是旅游业的重要组成部分。通过进一步调动各地区，特别是中西部地区的旅游企业进行创业创新，引导东部地区优秀旅游企业进入中西部市场创业，可以在旅游业增量发展上起到重要的作用。应大力支持旅游共享经济发展，在住宿、导游、交通、餐饮、购物等方面，鼓励和规范旅游企业探索这些领域的资源共享模式。

第四，基于互联网思维、共享经济思维打造旅游企业服务平台。旅游主管部门应当与时俱进，深入了解和掌握互联网思维和共享经济思维，将传统的"管理"和"管制"思维转变为"服务"思维和"平台"思维。政府可以与电商企业深入合作，依托政府官网、APP或微信公众号构建旅游企业服务平台，该平台包括为游客和为旅游企业提供服务的信息平台、各种审批和其他内容的服务平台、旅游资源整合平台以及服务质量监控平台。其中，服务质量监控平台可以设定旅游企业准入、奖惩与退出机制的规则，可以建立旅游企业与旅游者的诚信档案数据库，可以建立游客与旅游企业间的互动点评机制，可以发布旅游行业运行指数和旅游企业排行榜，可以构建该平台的盈利模式与利益分配机制。

第五，助力旅游企业发出"好声音"，积极推介和引进优秀旅游企业。在旅游主管部门组织的各类与旅游经济、旅游市场、旅游营销相关的活动中，应扩大旅游市场主体的声音，引导和鼓励广大旅游企业参与进来，并积极向客源地市场宣传与推介本地区的优秀旅游企业及其产品和服务，以及引进优秀旅游企业进入本地区为当地旅游市场服务。总之，要退到幕后，做好"媒人"和"中介"的角色，让真正的旅游市场主体——旅游企业通过商业运营实现旅游市场经济的良好运行。

第六，和旅游企业中的企业家、员工交朋友、多学习。旅游企业中企业家、职业经理人和爱岗敬业的员工是旅游市场主体发育进程中最为关键的力量。他们普遍具有更敏锐的一线市场机会捕捉能力、更超前的商业思维和更落地的市场操作方式。因此旅游主管部门应当通过走访调研、参加行业会议、举行座谈会等多种形式学习这些旅游企业的运行规律和前沿做法，也可以和这些旅游企业的企业家、创业团队、员工多交流、交朋友，倾听他们的心声，真心向他们学习，了解市场最前沿的动态和做法。

第七，引导与鼓励旅游企业努力承担社会责任。对于一些大中型旅游企业，旅游政府部门还应当多宣传奖励，建立"讲诚信、有担当"的旅游企业荣誉榜，对承担社会责任较多和影响较大的旅游企业应积极引导和参与到政府相关决策制定过程中，培育更多有情怀、有担当的红色企业和红色企业家。

总之，伴随外部环境的巨大变化，旅游业将迎来一次具有历史意义的改革创新机遇，而"全域旅游"的提出则拉开了这场改革大戏的大幕，吹响了各地区以旅游促改革、谋发展的集结号。在这场改革的大潮中，作为旅游市场主体的旅游企业以及旅游市场的裁判员和服务人员的旅游行政主管部门，将是持续推动着旅游业改革发展进程的两股重要力量。这其中，从战略高度构建新型旅游"政企关系"是关键所在，旅游行政主管部门要转变管理、管制的传统思路，在"平台、共享、互惠、协同"等新理念的指引下，引导和服务旅游企业发展，与旅游企业一起共同推动我国旅游业的改革创新伟大实践。

民宿业的政府规制应建立在中国国情基础上

谷慧敏　黄　伟

　　民宿业发展对于新时期美丽乡村建设、精准扶贫、消费转型升级、住宿业供给侧结构性改革及与国际接轨等有意义重大。进入 2017 年，有关民宿业的政策进一步密集推出。先是 2 月 5 号中共中央、国务院《关于深入推进农业供给侧结构性改革加快培育农业农村发展新动能的若干意见》（以下简称一号文件）发布。文件明确提出"将大力发展富有乡村特色的民宿和养生养老基地"，表明了国家政策积极引导发展民宿。根据迈点旅游研究院（MTA）统计，截止到 2016 年 9 月，全国共有客栈民宿 31 254 家，分布在全国 31 个省市自治区（不含港澳台）的 329 个城市，民宿发展势头迅猛，以江浙、云南、四川、北京等省市为代表的民宿业态从数量和质量上提升较快。

　　2 月 13 日，公安部《旅馆业治安管理条例（征求意见稿）》问世，首次将民宿等新型住宿业态纳入"旅馆业"中。意见稿指出，凡是按日或者小时计价收费，提供住宿必需的用品和设施，并有服务人员向社会公众提供住宿服务的经营场所就是旅馆。这意味着，宾馆、酒店、招待所、客栈、培训中心、度假村、公寓式酒店、农家乐、民宿以及提供住宿服务的洗浴、足疗、按摩等经营场所都将被纳入旅馆的管理范畴。民宿被纳入旅馆范畴，有了自己的"身份证"，同时住客信息安全也有望得到最大限度保证，这从治安管理上给民宿业打了一针强心剂。

　　然而，特别需要注意的是，在政策"红利"下看似前景光明的民宿业实则也隐藏着"暗礁险滩"。

　　根据征求稿内容，设立旅馆，取得工商行政管理部门颁发的营业执照后，应当向所在地县级以上人民政府公安机关申领特种行业许可证。而想要获批特种行业许可证，则应当安装旅馆业治安管理信息系统、居民身份证读取设备等住宿信息采集、上传设施；具备必要的防盗、视频监控等治安防范设施，提供公共上网服务的，应当有健全、完善的网络安全管理制度和安全技术防范措施等条件。

首先，现有大部分民宿都处于无证经营的灰色状态，不纳入管理难以规范化，存在各种隐患，以最近厦门黄厝民宿大规模被取缔停业的事件即可看出，在监管责任明确后，无证经营的民宿难逃一劫，然而共享经济下新业态民宿与传统旅馆之间仍然存在着不小的差异，如规模、治安信息系统、视频监控设施等条件民宿业普遍难以达到。传统旅馆概念难以覆盖当下众多新兴业态，无疑会增加准入难度。

其次，公安部现有规定在现实中难以实现，如建筑距离要求、消防设施困难（自来水压力等基础设施达不到旅馆消防标准）、视频监控录像保留90日等在设施及技术方面的要求，现有公安旅客系统的信息录入及上传程序对于农村民宿信息化水平及部分老年经营者素质提出较高的要求；现有土地及宅基地商业利用（国家文件）已经开放但旅馆规定未相应调整等，这些在执行过程中必定会遇到各种困难。

再者，作为特种经营行业的民宿，办理证件流程极为烦琐，需要通过工商登记、街道、规划、卫生环保、消防、公安的流程，涉及部门众多，只要在一个流程审批中出问题，都无法拿到特种行业许可证照，这导致大量经营中的民宿都处于不合法、不合规的状态。所以，民宿虽然可以名正言顺登堂入室，但是政策起草和出台过程中，无形大幅度提高了准入门槛，加大了民宿审核通过的难度。近日国家相继出台了关于促进分享经济发展的文件，提出要拆除政策壁垒，适应新业态发展需要，但如何将政策落地还需要各地因地制宜制定相应标准及规范。

因此，作为政府政策：首先，应该加强公共服务设施建设，促进民宿产业水平提升，使现有处于灰色地带的民宿业达到国家相关政策及规定标准要求（如消防设施、信息化、土地、建筑）；其次，消除政策壁垒，简化办理证照流程，根据民宿业综合性特点提倡各部门联合验收和管理，提高办证及监管效率，减轻民宿经营者的时间及制度成本；最后，加大宣传及培训力度，提升行业素质，如进行治安管理信息系统使用培训、消防安全及治安反恐演练、食品安全、急救及其他突发性事件处理、服务接待规范的培训等，促进民宿业劳动力素质提升，促成农村劳动力就地转移。此外，鉴于分享经济短租住宿业的蓬勃发展，急需加强对短租民宿业与社区关系可能出现的矛盾冲突的预防及处理预案标准的制定。

扬帆远航抑或是被浪掀翻，民宿业不能止步于获得合法"身份证"，更需要建立完善的具有前瞻性、全局性及可操作化的政策及标准。

酒店的名义何在?

靳秀娟　李朋波

内容提要：对酒店行业的持续发展而言，打破长期存在的行业污名问题，让人们重新和正确认识酒店行业的社会贡献，是一项迫切需要开展的工作——只有捍卫酒店行业的名义，才能够更好地为行业发展营造良好的社会氛围。

电视剧《人民的名义》凭借反腐主题，因以"人民的名义"，关乎人民群众的切身利益，赢得各方的关注与热议。但是，剧中"高小琴"的出现和"山水庄园"的存在，不禁让酒店人倒吸一口凉气。在剧中，山水庄园作为高档酒店，被刻画为有高尔夫球场和外国高级妓女的"农家乐"、高官们的"食堂"、上层人士出入的"高级会所"等，其中的一些台词和对话更是让人觉得这家酒店是"藏污纳垢"之地。

纪检和反贪部门出面来捍卫"人民的名义"，那谁来捍卫酒店行业的名义？受社会文化等多重因素的影响，酒店行业一直以来饱受人们的偏见，"行业污名"（以及由此带来的职业污名）的现象和问题较为严重，并长期对行业发展及从业人员产生着诸多严重的负面影响。我们认为，对酒店行业的持续发展而言，打破长期存在的行业污名问题，让人们重新和正确认识酒店行业的社会贡献，是一项迫切需要开展的工作——只有捍卫酒店行业的名义，才能够更好地为行业发展营造良好的社会氛围。

回顾发展历程并结合现实情况，我国酒店业在经济社会发展中的重要作用主要体现在以下几个方面：

1. 酒店业是改革开放的先行者

如果说中国的对外开放起步于引进外资，而引进外资最初正是从引资建设旅游饭店形成突破口的。十一届三中全会后，随着国家一系列政策的相继出台，来华投资、观光旅游者与日俱增。1978年，全国旅游入境人数达180.9万人次，超过之前20年人数的总和，1979年又猛增至420.4万人次，满足该群体的住宿成为当时一个棘手的问题。由于当时国家建设资金相对紧张，而这一时期的归国华人和华侨中有不少实力雄厚的富豪巨商，有人表示愿意投资国内酒店，并提议利用侨外资金建设旅游饭店，国务院随即成立了"利用侨资、外资建设旅游饭店领导小组"。中国酒店业迎来了发展的第一个春天，一批合资的经典酒店建成并投入运营，如广州白天鹅（1978年）、中国大饭店（1978年）、北京建国饭店（1979年）等。之后，1982年北京建国饭店引入了第一家国际酒店管理集团——香港半岛集团。这一批中外合资的经典酒店成了中国改革开放的先行者，为全国的经济发展做出了巨大的贡献。在企业管理体制改革方面，酒店业也发挥了积极而重要的引领作用，例如，1982年，深圳竹园宾馆在全国率先实行工资制度改革，打破铁饭碗，开创了职务工资加浮动工资的工资制度先河；1984年，珠海石景山旅游中心开创董事会领导下的总经理负责制的领导体制、浮动工资分配制以及全员劳动合同制等。

2. 酒店业是民生与就业的主力军

随着改革开放的深入，全球业务往来逐年增多，我国经济得到快速发展，人们的经济收入和生活水平得以快速提高，出行频率随之增加，旅游和商务出行逐渐成为一种大众化的行为。酒店作为旅游和商务出行过程中重要的一环，也不再拘泥于简单地为顾客提供住宿，一系列相关的产品和服务更是满足了顾客多方面的需求，给予顾客家外之家的享受和关怀。据国家旅游局统计，2016年国内游客达44.4亿人次，入境游客达到138万人次，由此可见，酒店业在解决人们出行住宿方面发挥着无可替代的重要作用。与此同时，酒店业属于劳动密集型行业，就业门槛相对较低，可以吸纳大量劳动力，提供更多的就业机会，在促进就业方面发挥着重要的作用。国家统计局数据显示，截止到2015年末，我国登记的住宿和餐饮业法人企业数为44 884个，住宿和餐饮业年末从业人数为4 132 395人，住宿和餐饮业营业额为8512.23亿元。随着我国产业结构的调整尤其是服务业比重的不断提高，可以预见的是，酒店业未来在促进就业、吸纳劳动力方面将继续发力。

3. 酒店业是社会生活的引领者

据瑞士瑞信银行报告显示，至2015年，中国中产阶层人数已达到1.09亿人，逐渐成为社会主流阶层。该部分群体受教育程度普遍较高，自我意识较强，更加关注生活品质，消费文化以及价值观也都有很大的不同。市场需求端的变化促使中国酒店市场迭代升级，酒店由功能型导向转向生活方式导向，随之成为美好生活方式（Lifestyle）的体验圈。目前，富有文化内涵和人文气息的精品酒店、主题酒店以及民宿等在引领人们生活和行为方面做出了贡献，比如亚朵集团下的亚朵轻居和浸入式戏剧主题酒店 The Drama。亚朵提出生活方式酒店（Lifestyle Hotel）这一概念，倡导阅读、摄影为代表的人文主题，强调始于酒店，不止于酒店。富有地方特色的民宿和精品酒店，不仅仅能满足人们的住宿需求，也为人们的"慢生活"提供了最佳选择和指导。景德镇的青花主题酒店带领人们感受青花瓷的魅力，皇家驿栈为顾客创造不一样的"皇家"享受，还有云南香格里拉的松赞绿谷、四川博物馆主题的肯派陈静家以及浙江的西坡和墟里，等等。近日，三亚绿岛还推出了帐篷旅馆，旨在给游客提供和创造更加生态和纯自然的体验。此外，一些倡导环保和绿色生活的主题酒店也在悄悄影响着人们的生活方式和消费习惯。这些都表明，一些新兴的生活方式往往发端于酒店，进而渗透到人们社会生活的方方面面。

4. 酒店是城市集体记忆的记录者

一座城市的神秘和魅力，必定源于其古老的建筑和悠久的历史。在城市的角落里矗立着的一些真真切切承载着历史的百年老饭店，曾名流云集，许多人生乃至于国运的转折往往也在这里得以记录。这些酒店帮我们铭刻了许多历史性的瞬间，作为这座城市集体记忆的记录者，记录着属于这座城市每砖每瓦的故事。出现在张恨水的小说《啼笑因缘》中的北京饭店，在当年军阀混战的动荡年月里曾被国内许多名流政要视为避风港，特别是在 1972 年中美建交时招待了尼克松总统夫妇；拥有 170 年历史的老饭店——上海浦江饭店，是上海最早的一所现代化旅馆，经常被称为中国最早接受现代事物的场所，实现了上海诸多的"第一次"，还接待过爱因斯坦等名人，记载着自 1843 年上海开埠以来的风云变迁；天津利顺德大饭店是历史上的名流荟萃之地，美国胡佛总统夫妇、民国历史上六位大总统（孙中山、袁世凯、黎元洪、冯国璋等）、梅兰芳等都曾下榻利顺德，目前，拥有一座超过 700 平方米的专属博物馆见证利顺德和这座城市悠久的历史。此外，类似的能够承载和见证历史的酒店还有很多，例如，上海和平饭店、哈尔滨的"小凡尔赛宫"马迭尔宾馆等。

结语

近几年来，对重新塑造酒店行业社会形象和改变人们对该行业及其职业认知的呼声很多、很高，出现这种情况的根本原因就在于，行业污名的问题对酒店行业发展已经造成了诸多负面影响，本文正是希望"抛砖引玉"式地提出酒店行业在经济社会发展中发挥的几个重要作用，来为"酒店的名义"贡献一点应有的力量。

北京第二外国语学院酒店管理学院的秦宇教授曾针对酒店业发展写过一篇题为《以我为主，解困得救》的文章，对于酒店行业污名问题的破解也是如此，需要这个行业中的每个人行动起来，"以我为主，解困得救"。只有我们自己挺直腰杆来共同维护和宣传"酒店的名义"，才能够逐渐改变现状、重塑行业形象，并最终为行业发展营造良好的社会氛围。

资本助力酒店业腾飞：酒店扩张背后的资本逻辑

程家鑫　谷慧敏

内容提要：在2016年，全球总共发生了12起酒店并购事件，酒店行业的产业集中度进一步集聚。无论是哪一起并购案，我们总能在其背后看到资本的力量。不管是通过私募基金还是股权转让，许多集团不惜以巨大的杠杆，高额的负债来收购一家酒店，貌似偏离了投资的一般逻辑，但就长远来看，收购一家有前景的项目，不仅使得该项目在将来的估值倍增，而且还会形成一定的规模效益，强大的议价能力有助于其摆脱各大中介和OTA的围剿，并使得该集团的业绩水平在短时间内大幅度提高。

据欧洲地产媒体透露，安邦集团在2017年6月1日斥资3.5亿欧元（约26.8亿人民币）于黑石集团旗下买入了位于荷兰阿姆斯特丹的希尔顿逸林酒店。因为涉及金额巨大，交易达成后将成为荷兰今年第二大地产交易。近年来，国内外酒店的收购如雨后春笋络绎不绝，人们开始对一些集团收购酒店的大动作感到疑惑。酒店的收购和扩张为什么会在近几年爆发？其中的原因可谓是舳舻相继，有人认为这是一些集团为了扩大自己的规模进行多样化经营，也有人认为这是酒店集团的长期战略手段。本文将拨开层层迷雾，挖掘各大酒店集团投资并购以及海外扩张背后的资本逻辑。企业都是理性的，资本也是逐利的，没有一个企业会做亏本买卖。此外，本文还将通过总结国内一些酒店集团的并购逻辑以及国外扩张的方式，探索出一条适合酒店集团并购和走出去的道路，并根据目前的情况提出一些关于未来的发展展望。

一、国内并购：四面开花，三足鼎立，二子夺嫡，一统天下

如今，酒店集团越来越看重自身的品牌多样化经营。如何快速拓展自己的多

样性？笔者认为通过收购自己以外的酒店集团是个划算的交易。通过对那些不同于自己定位的酒店集团的收购来弥补自身对于该市场的欠缺，可一体化自身的产业链，拓展自己的市场，并通过规模化经营获得规模化利润。

其中以锦江集团的并购行为最为典型。锦江集团可谓开启了近年来的并购狂潮，2015 年 9 月 18 日，锦江国际旗下锦江股份宣布，锦江股份作为投资主体，投资铂涛集团 81% 股权，其投资价值超过 100 亿元人民币。交易完成后，锦江合计拥有超过 6000 家酒店和 64 万间客房，覆盖全球 55 个国家和地区，将一跃成为世界客房数排名第五的国际酒店集团。收购完成后，双方品牌谱系将覆盖高、中、经济型等不同的档次。在此之后，在 2016 年 4 月 28 日，锦江股份发布公告称，公司拟以 17.49 亿元人民币收购黄德满先生持有的维也纳酒店有限公司 80% 股权。此次交易，使锦江的规模不仅进一步扩大，而且进一步补充锦江在中端酒店的布局，符合目前中端酒店的发展需求。维也纳同时作为音乐主题中端酒店，可借助锦江集团的 CRS 和品牌规模优势吸引更多的客源，这可谓是双赢的举措。

随着互联网的发展，酒店集团也搭上了互联网发展的顺风车，酒店集团通过并购不仅可实现多样化规模经营，更重要的是通过对互联网庞大的消费者数据进行分析，挖掘顾客的偏好，从而能够更好地满足顾客的需求。

酒店集团的竞争从来没有间断过，中国的各大酒店集团目前还在跑马圈地、占山为王，各大酒店集团都想蚕食对方的市场以获得自身规模的扩张。以首旅为代表的北方酒店集团以及以锦江为代表的南方酒店集团是我国最大的两家酒店集团。首旅是以北京为主向周边辐射，通过收购周边省份的酒店来巩固自己的地位，完成自己在北方的统治。然而，首旅作为北方的老大，当遇到以上海为中心的南方老大，比如想要布局上海时，有一定的进入门槛，往往受到锦江集团的打压。虽然去年首旅通过并购如家实现了经济型酒店的布局，但是首旅旗下的中高端酒店却陷入了进退两难的窘境。但我们可以从首旅的另一次看似奇怪的收购看出一些端倪，2014 年 6 月 26 号，首旅集团以约 2.8 亿元作为股权转让款，获取南苑控股持有的南苑股份 70% 的股权，而宁波南苑集团拥有包括浙江省首家五星级酒店在内的多家高档酒店。此次交易不仅使得首旅集团在南方布局了自己的高端酒店品牌，而且还可以帮助南苑集团摆脱经营困境。笔者认为，首旅收购上海周边城市的酒店的目的在于，通过"农村包围城市"的战略一步步逼近上海市场，从而打开南方的市场。

二、海外扩张：曲线救国，以小博大，安邦入局，海航鲸吞

近几年，中国酒店集团以及其他行业集团先后在国外布局自己的酒店，不管是通过收购酒店集团还是买地自建酒店，都体现了各个集团向全球扩张的野心。有人认为，高价买入国外的酒店是赔本买卖，笔者则不这么认为，通过并购不仅在短时间内提升了自己的知名度，扩大了自己的规模，同时借助国外酒店集团先进的管理经验可以提升自身的管理水平。

1. 总的来看，中国酒店企业海外扩张主要有三种手段

第一种就是公司内部自建相关事业部或者在海外注册公司，直接推动海外直营店开发以及加盟商拓展。以铂涛酒店集团为例，该集团在东南亚的开发商都是直接与铂涛酒店集团的海外事业部签约。铂涛虽然也在当地市场寻找合作伙伴，但据悉合作的范围主要局限于酒店的运营，不涉及门店开发与市场拓展。

第二种是通过直接收购酒店物业或者酒店管理集团进行扩张。前者如安邦、绿地等企业都是直接收购海外物业，然后作为业主委托酒店管理公司对酒店进行运营。后者的代表则是锦江和开元等收购海外酒店或酒店集团，从而获得对方品牌。由于有些被收购的酒店集团还拥有自有物业，因此这类收购还会为中资企业带来海外酒店物业资产。

第三种是通过授权代理公司进行海外扩张。代理公司既可以在特定区域市场直接投资、运营门店，也可以吸引其他加盟商投资开店，自己则负责酒店的运营管理。锦江作为国资酒店集团，非常关注国际关系对于海外投资风险的影响，其选择了上好佳（国际）作为菲律宾的锦江之星品牌代理商。东呈酒店集团则选择了安达瑞扩张东南亚市场，并以此降低投资的政治风险。

笔者认为，目前来说最好的海外扩张手段是第三种方式，即通过授权代理公司进行海外扩张。首先所谓强龙不压地头蛇，这样可以利用他们的本地化的便利，充分考虑当地情况，避免由于缺乏当地经验而带来的不良影响；其次减少了重资产的投入，优化资产组合，通过输出企业文化和管理经验来进入该市场，形成了强有力的市场认同度；再者只有形成别人信任的品牌之后，才有可能通过类似私募或者众筹等方式筹资再投资，虽然稀释了自有的股权，但没有负债，严格地把控了风险，此举恰巧是"空手套白狼"的投资最高境界。

2. 在海外并购如此火热的今天，笔者认为各大酒店集团需要注意以下几点

首先，我们应该认识到，我们该通过何种方式"走出去"，这是最困扰投资者的问题，也是作为酒店集团首先应该考虑的问题。由于酒店是一个比较大的投

资项目，一旦投资出现问题，带来的损失也将是巨大的。不乏有一些"土豪"企业一掷千金狂买豪买酒店，看着像是进行了海外投资并购，实际上这对于自己的酒店集团在国外的扩张并没有起到什么作用，也不能给这些国家带来什么，酒店集团想要真正地走出去，需要注意将自己内在特有的文化和类似服务等软实力进行输出，这相比资本的输出有着更加扎实的基础，走的也更远更深入。

其次，我们也应该看到，酒店集团在国外扩张应该深入地把握当地的特殊情况，在选择资本输出国时，需要全面掌握当地政治环境、政策条件、经济发展状况、风土人情等。我国一些酒店集团在海外并购常常会犯规模错误，认为什么都应大，但很多集团没有考虑到海外当地的情况，海外对于这种体量是排斥和隔离的。

再者，中国酒店集团想要更好地走出去也应该注意自身在国外的形象，摆正自己的位置，只有建立良好的形象才能得到其他国家认可，其他国家才会对中国企业一路绿灯。企业入股、重组加上本地化是个漫长的进程，只有为这个国家甚至这个世界提供富足、健康、快乐的生活，才能得到这个国家的支持，才有利于更好地走出去。

最后，如果缺乏成熟的管理水平和较好的盈利模式，企业的大规模扩张只会加剧企业的压力，所以酒店集团应注重酒店的运营管理和资产管理。酒店的全生命周期的资产管理可以让酒店产生更多的收益，在竞争激烈的酒店市场得到较好的盈利，产生较高的现金流，这样有助于提升酒店资产的整体表现。

三、结语

2016年是酒店并购扩张最火热的一年，规模化经营仿佛成了酒店集团发展的必然趋势。行业在迭变，酒店行业在重新洗牌，酒店未来的并购扩张渠道也将会满足酒店扩张的需求而更加多样化。随着酒店资产证券化步伐的不断加快以及酒店众筹等新的筹资模式的涌现，资本的斡旋和流动为酒店集团的扩张提供了巨大的资金支持。目前，国内酒店并购将持续，但相比2016年有一定的降温，这主要是由于国内酒店集团已经形成了三足鼎立之势，集团的扩张已经到了白热化阶段。但仍有很大的投资空间，资本的力量是无限的，酒店集团之间的竞争也从来不会停止，就请大家拭目以待。相比于国内的并购，海外的扩张受到更多国家政策的影响，"一带一路"倡议实施的这三年，带给了我国酒店海外投资新方向。新的机遇也带来新的挑战，酒店集团应审时度势，抓住机遇做出决策。刚刚通过的全国人大政府工作报告中，连续第三年提及政府与社会资本为提供公共产品或服务而建立的公私合作模式，即 PPP（Public-Private-Partnership），为酒店集团的海外投资提供了新型的模式。东南亚和南亚也成了我国酒店投资的重点，主要是由于其毗邻我国，经济发展存在阶段差异，各项基础设施薄弱且发展潜力不可小觑，可以有序地推进。随着国家的监管进一步加强以及人民币贬值的影响，中国酒店集团海外并购的道路并非一帆风顺，酒店集团应更加注重在并购过程中减少自己的杠杆，管控风险，稳中求进。

共享经济为住宿业提供了巨大商机

王 俞

内容提要：中国酒店业在互联网＋共享时代大潮下将会有更多的华丽转身的机会，但所有的探索现在都仍是方兴未艾的阶段。尽管如此，随着科技发展和消费者需求的不断升级，酒店业的产品形态也更加丰富多元。当"共享意识"不断地深入人心，基于价值共创的住宿业商业模式必然会焕发出勃勃生机。

住宿业产品及服务的丰富性使其天生就具有超凡的跨界本领。例如，酒店可与时尚品牌合作成为绚丽的奢侈品酒店，如阿玛尼、宝格丽、范思哲酒店等；与有厚重历史感的文化遗产或古迹结合可创造出独一无二的跨时空感体验；还有与环境混搭的树屋酒店、海底酒店、监狱酒店等。不仅如此，酒店的产品及服务甚至可以覆盖人类的全生命周期，从与产妇护理的融合，到与美容、整形、康复、医疗、养生等诸多产业的对接，酒店业自身携带着的浓厚跨界基因让它总是可以一次次地精彩变身。就在人们感到住宿业似乎应该不会有更大变化的时候，Airbnb这个依靠社区私人闲置房源而搭建起的住宿业平台又在互联网等技术创新的推动下将共享经济的巨大潜力展现到人们面前，让市场又一次地"不安分"起来。

学术界通常认为共享经济（Sharing Economy）或称分享经济、合作经济（Collaborative Economy）的概念是由美国社会学教授琼·斯潘思（Joel·Spaeth）和马科斯·费尔逊（Marcus Felson）于1978年在 *Community Structure and Collaborative Consumption: A Routine Activity Approach* 一文中首次提出的。这种新经济模式受益于互联网平台带来的实时信息交换便利，将资源的所有权与使用权分离对待，使得闲置资源能在不同主体间进行共享，从而提高了存量资产使用效率，实现为消费者和所有者双向创造价值。共享行为并非当世新举，古已有之，甚至是从人类出现就学会通过合作与分享而达到共同生存的目的。然而，过去由于技术手段限制，供求信息匹配的即时性较弱，陌生人之间信用体系不易建立，使得大范围的共享行为成本过高。而随着网络通信、智能手机等技术的普及和优化，加之大量互动式互联网交易平台公司的兴起，在不断优化的信用平台的基础上，实现了以更低的交易成本促成更高效率的供需双方匹配的效果。通过供给者与消费者进行点对点的交易，可实现更加主动、便捷、实惠的商品与服务的消费。

从某种程度上说，中国酒店业的自身属性与共享经济天然适配。第一，中国酒店业由于种种历史原因从总量上存在区域性供给过剩的现象，尤其是有些地方的度假及会议型酒店或高档星级酒店都存在资源闲置的现象；第二，酒店业每天24小时，每周7天无休的工作时间，让酒店内部的许多资源可以从时间分配的角度考虑如何更灵活地利用；第三，传统酒店业，在法律监管、运营模式、服务质量监控、人才培训等方面尽管都有不足但发展的相对成熟，有很多大规模的酒店集团也已形成。再加上相对的"重资产"行业特征，酒店业更容易在"共享"中较迅速地处理风险、吸引会员、建立信誉体系并产生规模效益。

传统酒店业在共享经济中的弱点可能主要是在网络平台技术方面。先天欠缺的互联网技术基因使其自身很难将大量分散的闲置酒店存量资源信息有效地整合，也很难通过现有流量入口精确与潜在的非常规消费者直接匹配。好在酒店行业人一贯是勇于创新的。在现代移动互联网技术、物联网技术支持下，中国酒店业也在探索一种更加智能的租赁模式和服务内容，如：酒店为社区提供餐饮定制服务、共享停车位、共享娱乐设施，等等。尽管从严格意义上说，这些与传统自行租赁没有本质性的差异，不能算作是共享经济的"科班"产品，但对于酒店本身来说，仍是在共享理念指导下的新服务探索，是让自己更具有市场敏感度和弹性的表现。

中国酒店业拥抱共享经济的新宠儿就是"酒店+共享办公"。"酒店+共享办公"的确可以缓解目前共享办公已有平台企业相当分散、不成规模的劣势，而相对成熟的酒店业可以利用其全国化布局的物业优势为不少地区填补共享办公空间的空白。再者，"酒店+共享办公"可以缓解目前共享办公运营商大多缺乏资金以及贷款或融资的困难，利用酒店方的运营能力承担比之前更大的责任及风险。而对于酒店而言这种联合可以从一定程度上解决酒店业过度投资、重复建设和房量产能过剩等问题。

作为新尝试，"酒店+共享办公"也不可避免地存在商业难点。譬如：尽管这种合作模式从设计上可以达到相互引流、提高双方商业面积坪效和毛利率的目的，但从客人角度也会对酒店的空间弹性或共享办公的服务舒适度等这些原本不同的产品提出更多样、更全面的服务要求。因此，空间内应该包含什么？这样布局如何减少不同类型客人可能感受到的各种不便？这些问题就成为现实挑战。同时，为实现顺畅共享而需要为平台化运作、会员生态系统搭建、网点布局，及其他支持体系建立等方面进行的投入和运营成本也还要有合理预期；另外，如何通过战略整合和机制协调在组织间提高信息共享效率，化解利益分享矛盾并弱化共享风险更加是能否真正实现联合促进效应的关键。同时，如何保证分享者隐私信息不被滥用，如何避免在大数据等新的技术壁垒下可能形成的新行业垄断等也是行业不容忽视的问题。

简言之，中国酒店业在互联网+共享时代大潮下将会有更多的华丽转身的机会，但所有的探索现在都仍是方兴未艾的阶段。尽管如此，随着科技发展和消费者需求的不断升级，酒店业的产品形态也更加丰富多元。当"共享意识"不断地深入人心，基于价值共创的住宿业商业模式必然会焕发出勃勃生机。

中国住宿业规模到底有多大?

秦 宇 李 彬

内容提要: 中国的住宿业市场到底发展到了多大的规模、体现出什么样的结构,是一个长期未能得到很好回答的问题。上海盈蝶企业管理咨询有限公司和北京第二外国语学院酒店管理学院联合发布的《2017中国大住宿业发展报告》,在国内首次对全国住宿业的地区分布和档次分布等发展状况进行了分析。我们获取的数据表明,截止到2016年12月31日,我国一共有住宿业设施422 458家,客房总规模15 310 732间。中国是全球住宿业规模最大的经济体。

中国的住宿业市场到底发展到了多大的规模、体现出什么样的结构,是一个长期未能得到很好回答的问题。目前比较权威的住宿业数据来源主要有四种:星级酒店统计数据、连锁酒店统计数据、全国旅游住宿设施统计调查资料和三次全国经济普查的资料。

星级饭店的统计数据连续时间长、指标全面、覆盖面广,是住宿业中质量最高的统计数据。然而,星级酒店市场在整个住宿业市场中占比很小。按照本年度《2017中国大住宿业发展报告》(以下简称《报告》)的统计,这个比重大致在10%左右。因此,仅仅依靠星级饭店的统计数据,无法认识整个中国住宿业市场的全貌。

中国饭店协会和上海盈蝶企业管理咨询有限公司联合发布的《中国酒店连锁发展与投资报告》将非星级、连锁经营的住宿业态纳入了统计范畴。根据这一统计口径,2016年,全国连锁酒店的市场规模大致为300万间。尽管这一数字包含的规模比星级饭店大,但是仍然只是整个住宿业市场中较小的一部分(按照《报告》,大致占20%左右)。原因在于我国的大部分酒店都是单体酒店,连锁化的比重并不高。因此,根据这个数据来源,也无法很好认识住宿业市场的地区结构和档次结构。

2004年、2008年和2013年的三次全国经济普查，对住宿业进行了较细致的调查。其中，2013年的统计表明，住宿和餐饮业的个体户240.8万个，法人单位20万个。其中，住宿业个体户的信息在经济普查年鉴中并没有公布。住宿业的法人单位有73 464家。在《全国经济普查年鉴》中，并没有对住宿业法人单位的客房总数进行汇总，因此也无从知道全国住宿业法人单位的总体供给规模有多大。部分省区市则提供了具体的数字。例如，2013年北京市一共有4 810个住宿业法人单位，客房总数352 045间。如果按照北京市的每个住宿业法人单位平均73间客房数匡算，全国住宿业法人单位的客房总数大约为537万间。由于无法估算个体户和其他形式的住宿设施的规模，我们仍无法很好地了解全国住宿业的总体状况。

国家统计局、国家旅游局、国家工商行政管理总局和公安部在1999年和2000年对全国的住宿设施进行过联合调查（分别调查1998年和1999年的住宿业数据）。这两次调查的结果体现在《全国旅游住宿设施统计调查资料》中。其中，第二次调查的资料表明，1999年全国一共有个体旅馆16.39万家，客房数约147万间；社会旅馆7.99万家，客房数346万间；加上旅游涉外饭店0.7万家，客房数约89万间。上述三部分加总，客房总数约为582万间。虽然个体旅馆和社会旅馆的规模是抽样调查后估计的，我们认为这个数字仍是2000年以前对整个中国住宿业供给最全面的统计。

2017年8月，上海盈蝶企业管理咨询有限公司和北京第二外国语学院酒店管理学院联合发布的《2017中国大住宿业发展报告》，是国内首次对全国住宿业的地区分布和档次分布等发展状况进行分析的有益尝试。我们采用了OTA网站上可预订酒店的信息，将中国大陆境内在互联网上销售的住宿设施的规模、档次、地点等信息进行了统计。

我们的数据表明，截止到2016年底，全国住宿业的设施总数为422 458家，客房总规模15 310 732间。根据我们掌握的资料，目前已知住宿业规模最大的国家是美国。美国饭店及住宿业协会（AH&LA）的统计数据表明，2015年美国住宿业的规模大约为500万间客房。粗略计算，我国住宿业的规模为美国的三倍左右。由于并非所有的住宿设施都通过互联网销售，我们认为这一数字仍然在一定程度上低估了中国住宿业的总体规模。然而，考虑到互联网销售平台极强的渗透推力和住宿设施主动上网促进销售的拉力，我们认为除了一些较为特殊的住宿设施（例如某些机关单位的内部接待设施）之外，这个数字应该已经覆盖了中国相当大比例的住宿设施。这次《报告》可以看作是目前对全国住宿业规模和结构最为全面的一次梳理和分析。

参考国家旅游局的星级评定标准，我们以 15 间客房为限，将上述住宿业设施分为两个部分。15 间（含）以上规模的设施，划为酒店类住宿业；15 间以下的，划为其他住宿业。2016 年底，全国一共有酒店类住宿业设施 288 973 家，客房总数 14 100 226 间，平均客房规模约 49 间，酒店类住宿业设施和客房数分别占我国住宿业的 68% 和 92%。其他住宿业设施 133 485 家，客房总数 1 210 506 间，平均客房规模约为 9 间，其他住宿业设施和客房数分别占我国住宿业的 32% 和 8%。

我们还按照住宿业的规模，对全国各省市区和主要城市进行了统计，并对这些地区的住宿业结构进行了分析。感兴趣的读者可到网上搜索下载《报告》，进行查看。

直面新矛盾新问题，推动优质旅游发展

谷慧敏　雷　铭

内容提要：目前我国已经进入大众旅游时代，在这一新的进程中，将面临许多新矛盾和新问题，对旅游业发展提出新要求和新挑战，要求我们必须打造基于幸福和理性的中国旅游业。习近平新时代中国特色社会主义思想，强调必须坚持以人民为中心的发展思想，使人民获得感、幸福感、安全感更加充实、更有保障、更可持续。

中国共产党人的初心和使命，就是为中国人民谋幸福，为中华民族谋复兴。"为中国人民谋幸福"贯穿于党的十九大报告之中。旅游业作为直接服务于人民美好生活的幸福产业，在提升国民幸福感方面发挥着重要作用。旅游作为一种生活方式，是人民美好生活需要的集中体现，不仅可以满足人民对物质文化生活的要求，也可以满足人民对休闲公平权利、环境等方面日益增长的要求。与此同时，旅游作为一种经济文化形式，具有广泛性、关联性和多层性等特征，在精准扶贫、改善民生等方面可以起到独特作用。目前我国已经进入大众旅游时代，在这一新的进程中，将面临许多新矛盾和新问题，对旅游业发展提出新要求和新挑战。

改革开放以来，我国用不到40年的时间实现了国外几百年发展带来的变化，取得了举世瞩目的成就。与此同时，快速的变革不可避免地引起了全社会的焦虑。从宏观层面上看，各地追求大目标旅游接待人次和旅游设施增速、大规模外来资本主导、大规模造城造镇造景点运动、大规模豪华酒店等要素投入、大规模旅游演艺主题公园等模仿复制模式等现象值得警惕。为此要求我们必须打造基于幸福和理性的中国旅游业。

首先，坚定不移地推动由数量型发展向质量型发展转变。我国的旅游业要通过转变发展方式、优化经济结构、转换增长动力，实现由高速增长阶段转向高质量发展阶段。从政府层面上看，一要树立新型政绩观和为人民谋幸福的发展观。要把旅游目的地的可持续发展和让不同利益相关者和广大人民最大限度地分享旅游业改革发展的红利作为最大的目标。要尊重客观规律，少做一些面子，多做一些里子，踏踏实实地进行旅游规划和开发。近年来，国家旅游局倡导开展的"厕所革命"，就是从最基本的民生着眼、从社会和旅游业最基础的工作出发所进行的具有长远性、战略性的创新，对提高中国人口素质，提升人民幸福感和获得感具有重要的意义。二要用"绣花"精神开展旅游目的地开发，克服粗制滥造和重复建设。要关注当地的差异性和多样性，注重特色产业的开发、体现当地的独特竞争力。我国旅游资源丰富，各地风土人情不同，在旅游开发和规划中，要引入中国传统文化，内外兼修，多角度、全方位发掘当地的个性和文化，使其融入当地独特的自然环境中，培育出当地旅游发展的独特气质。这些才是旅游发展源源不断的生命力所在，是发展旅游之魂所在。

其次，培育具有社会责任感的新企业家和企业家精神。一要大力弘扬企业社会责任，培育旅游企业家的社会责任意识，把企业发展同国家命运和人民利益有机地结合起来。作为企业，需牢记自己的使命，发扬主人翁精神，为消费者谋利益，为员工谋福利，进而实现自身经济利益。二要用工匠精神打造企业品牌，少一些泛泛而谈的概念，多一些服务质量的真实改进；少一些炫技的排名营销，多一些消费者口口相传的口碑提升。

再次，形成基于新居民、新旅游者和新从业者的旅游业新主体支撑。一要在旅游目的地开发中注意通过社会主义核心价值观和传统文化教育，提升居民的地方自豪感和依恋感，从而促进居民对地方文化、环境和"旅游公地"资源的保护和坚守，确保目的地文化和环境的可持续。二要加强对旅游者的文明素质教育，提升中国旅游者的文明水平。通过坚持以人为本、教育先行、注重养成等手段提高旅游者的文明素质。旅游、教育等部门应该制定相应政策，对旅游者的文明素质加以引导和教育。目前，国务院将研学旅行纳入中小学教育规划纲要，可以充分利用这一新机制开展旅游文明素质教育，进而提升公民的全球公民意识和文明素质。三要加强对旅游个体经营者的诚信守法教育和服务意识的培育，在企业内部机制设置和员工培训中，将诚信意识和服务意识作为引导重点，将提高旅游者的满意度作为行动指南。

中国旅游业正在快速蓬勃发展，经历了向西方学习、追赶到并行进而引领的阶段。党的十九大报告提出，既要全面建成小康社会、实现第一个百年奋斗目标，又要乘势而上开启全面建设社会主义现代化国家新征程，向第二个百年奋斗目标进军。旅游行业只有不忘初心，以为人民谋幸福、为民族谋复兴为根本，才能在历史发展进程中做出应有的贡献。

矛盾中前行，无问西东

——对2017年中国酒店业的评论与随想

李 彬 杨露鹭

内容摘要："标准与非标"的矛盾，不只是过时与时髦的问题，而是如何看待"顾客与市场"的问题；"技术与人"的矛盾，不只是现代与传统的问题，而是回归到如何解决"效率"的问题；"回归与跨界"的矛盾，不只是封闭与开放的问题，而是如何认识酒店业"初心"的问题。

先讲两个去年经历的小故事。第一个，2017年在给某个公司组织的几次酒店店长培训班上课，因为都是各地的小型酒店（集中在20到80间房），所以想当然地认为这些酒店的学员并没有多大学习热情和动力。但几次讲下来后发现，这些大多是80后90后的酒店店长或者店助在整个学习过程中非常专注认真，不仅课堂上积极互动，课后还提出很多问题继续互动。第二个，一个偶然机会第一作者和一个"老旅游人"坐在一辆车上聊天。说他是"老旅游人"，因为他曾在1992年入职长城饭店的旅游部，那时的长城饭店大概类似于现在的阿里巴巴或者华为这样的明星企业吧。后来他辞职开旅行社，北京奥运会前几年开国际青年旅社，赚了一大笔钱。可这几年却风光不再，"过去躺着挣钱，现在真不好干了！"他说，"我最近也开始学学人家新兴酒店是怎么搞的，这一年跟亚朵学习，跟国内外OTA打交道！"

被房地产、资本、技术、OTA"玩坏了"的酒店业，虽然在2017年仍然有些"晕头转向"，但从上面的两个小故事中，我们看到了酒店业中那些所谓"低端"酒店的业主和员工们的"学习意识"主动或被动地已经开始出现，他们开始积极地接受新事物，吸收新思想，这可能是2018年以至今后酒店业可以"燎原"的"星星之火"吧。

下面对2017年酒店业中的几个典型事件进行评论。

1. 最该做好的反倒成为最被吐槽的——卫生问题

酒店业被"玩坏了"的一个特征就是2017年被媒体热炒的有关"换床单""用马桶刷杯子"等卫生事件,甚至都入了央视、《人民日报》和人民网的"法眼"。中国旅游协会秘书长张润钢大声疾呼"行业之殇,谁来背锅"?北京市旅游委紧急对涉事酒店进行约谈,北京市卫监部门对全市酒店卫生进行专项监督检查。本应是不管什么档次的酒店都应该做到位的卫生质量问题,反倒成为大众关注和吐槽的对象——"酒店业之大,难道容不下一张干净的床?"这与当今优质旅游、高质量发展的新时代要求相差甚远。

各路专家分别从宏观的行业结构失衡、发展畸形,以及微观层面的酒店管理混乱、员工收入低及职业道德缺失等方面进行了深入分析。然而由于这些深层次原因的强大惯性,以及各方利益与各种原因的错综复杂,如何来标本兼治地解决这一问题,可能是2018年以及相当长一段时间内酒店业需要解决的大问题。

2. 国家旅游局推动酒店行业标准的出台与修订

国家旅游局在2017年8月21日发布并在当年10月1日起实施的《旅游民宿基本要求与评价》《精品旅游饭店》《文化主题旅游饭店基本要求与评价》等多个行业标准,旨在对新兴酒店业态提供行业层面的指导与规范。

而出台时间最长、影响最广的国家标准《中国旅游星级饭店评定标准》在9月份启动了对2010版的修订工作。这一标准曾是在改革开放之初,饭店行业吸收国外经验而推出的最早与国际接轨的行业性标准,并对星级饭店的发展产生了重要的推动作用,甚至影响到了很多其他行业,成了服务品质、生活品质的代名词。然而,伴随环境的变化,这一标准也相应需要调整和修订,修订的总体思路或目标就是实现饭店业发展与市场、产业、顾客消费需求、技术更新等方面的变化相适应。

客观地说,国家和行业层面标准的出台与修订,并不能完全赶上当前产业和市场的快速变化。尽管需要一定的引领性,但面对快速变化的产业和市场,标准的作用还应该体现在"守住底线"和"团结大多数"上,解决上述提及的卫生问题、服务品质问题、提高经营效益问题等,从而促进行业又好又快地发展。

3. 资本市场中的"酒店专场"依旧热闹非凡

2017年资本市场中关于酒店的并购、投融资事件，媒体更倾向于报道事件各方的反应，而反思事件背后的深层原因可能更具意义。

一个是富力收购万达几十家酒店的事件，开始让业界对房地产投资酒店模式和对外投资酒店的模式进行反思。作为房地产、综合体的"高级配套"，作为地方政府的"面子"，违背了最基本的商业价值逻辑而诞生的这些高端酒店，出路何在？

另一个是华住以36.5亿元收购桔子水晶100%股权事件。创始人吴海自嘲"我就是个代孕妈妈"，中国旅游研究院戴斌院长回应"没有别不了的康桥"。而另一家成立非常早的酒店集团格林豪泰，在徐曙光总带领下这几年在"韬光养晦"中"闷声发大财"，与境外私募基金联合注资1.5亿元入股逸柏酒店集团进行战略联盟，并在11月启动了在纽约的IPO，拟筹资6亿美元在2018年上市。我们当然应该向吴海和徐曙光的企业家精神致敬，可是当感性的"情怀"遇到理性的商业时，如何把攻城略地的、充满激情的情怀内化于日常枯燥、反复、琐碎的日常运营管理工作中？毕竟那才是酒店集团得以长期发展的"内功"问题。

另外，新兴住宿业态的投融资事件频繁，如度假精品酒店诗莉莉获经纬1亿元A轮投资，精品民宿互联网分享平台Locals融资5000万，小猪短租获E轮融资1.2亿美元，途家融资3亿美元，棠果旅居融资1亿元，这些事件则表明住宿业中的新兴业态依然受到资本热捧。不过，几年前，铂涛、桔子水晶、花间堂等也都是新兴业态或品牌，然而却没有避开"被收购"这一命运，从被资本热捧到被收购，新兴业态和公司快速成长背后的规律值得好好总结。

4. "混改"背景下国有酒店集团的探索前行

国有酒店集团的转型与变革始终是中国酒店业发展的"重头戏"。2017年伴随通过收购的方式来实现"混改"的两大地方性国有旅游与酒店集团——首旅如家酒店集团和锦江集团，在公司高层治理结构调整后，开始向下一层的组织架构、品牌谱系、管控体系等组织运营层面推进整合。

合并后的首旅如家加大了融合力度，对原有的首旅酒店旗下品牌和如家旗下品牌在组织架构、品牌谱系、业务层战略等方面进行重新梳理，在信息系统、管控体系及人员配置上进行深入整合。锦江集团在收购铂涛、维也纳、法国卢浮后也进行了重组，其中锦江股份重新调整为维也纳、铂涛、法国卢浮酒店和锦江卢浮亚洲等几个板块，铂涛和维也纳由于是战略性投资，因此在短期内业绩没有大变化前提下基本仍是独立运行；在海外成立子公司 100% 收购的法国卢浮集团短期内可能也是独立运行。而锦江卢浮亚洲则是由原来的锦江之星、锦江都城，加上新品牌康铂和郁锦香组成，成为整合的重点。相反，华天酒店集团尽管作为湖南国企"混改第一股"，较早开启了转型变革之路，但在多元化发展的思路下仍然没有完全打开困顿局面。

然而，多数国有酒店集团、央企和国企下面的酒店管理公司，在"混改"的大背景推动下，尽管具有改革与变革的想法、认知与勇气，但在实现"大象也能跳舞"的转型之路上仍然步履维艰。

5. OTA 们的强力渗透，大酒旅平台殊途同归

如果数据市场是战场的话，2017 年的 OTA 们从对顾客入住酒店的"住前"数据（预订数据）和"住后"数据（点评数据）战场的争夺，转向夺取新的"制高点"。携程推出的酒店 Easy 住战略，包括自助选房、闪住闪结、自助入离机、VR 全景展示、智能客控、行李寄送等，旨在将"魔手"伸向"住中"数据（用户入住的行为数据），"吹响了全面占领酒店数据的号角"。飞猪推出的"未来酒店"，腾讯联合艺龙、住哲、复创等合作推出的"微信生态酒店"，则旨在通过支付宝、微信的支付端来进一步与酒店绑定，获取酒店的顾客消费数据。阿里入股石基，可能同样希望进一步对酒店的用户数据资源进行全面掌控。美团旅行则另辟蹊径，从为几十万中小酒店赋能的视角切入，对酒店人员在互联网营销、收益管理、运营管理等方面的培训，实则仍是将这些被 OTA 忽视的"小兄弟们"纳入平台下。

另一方面，各大酒店集团也利用自己的技术优势、资源优势打造平台，如锦江集团的 WeHotel 平台和华住集团的盟广平台，基本思路就是希望将自己通过信息系统、软件服务、数据分析等形成的平台来"连接"到更多的酒店及酒店集团，从而获取更多的流量与数据资源，当然重点也仍然集中在客人在酒店入住过程中的数据资源。应当说，这种与 OTA 类似的平台战略打法，是否能够抗衡 OTA，仍需进一步观察。华住的朱明生总曾撰文提出一个 iPlatform 的平台型公司设想，他认为这是"酒店集团或者 OTA 共同进化的方向"，即是"一个天地一体的，覆盖客人出行全程及酒店整个生命周期，包含内容、营销、管理、服务等各个环节的，综合性、智能化的垂直行业平台。"

相克相生，万物归一，我们对朱总的预测拭目以待。

6. 新产品、新业态、新物种不断出现

顾客需求变化与新兴技术的双重推动，大住宿业的新兴业态、新物种在2017年仍然不断出现。亚朵酒店与网易严选打造的网易严选亚朵酒店、与腾讯合作打造亚朵QQ超级会员酒店等，都是探讨"酒店+IP"的新模式，亚朵酒店在《哈佛商业评论》中文版举办的"新物种"大会上榜上有名，这是酒店业中少有的能出现在该榜单及该大会上的"新物种"。

后续出现的MUJI酒店、宜家酒店等则反映出非酒店行业的企业也希望通过"+酒店"的新业态形式闯入这个行业。又如中端酒店+点播影院结合而成的"电影酒店"业态，则希望通过用电影IP与酒店的跨界融合方式，用差异化的增值服务和有效的会员运营来突出特色。而通过共享经济理念和新兴技术推出的"X-bed"则显得更加前卫和超前，是大住宿业中的"新新物种"。其他诸如度假民宿、精品民宿、露营地、养老养生酒店、生活方式酒店、目的地酒店等新兴类型正在不断涌现。

然而，"创新难，创新后坚持活下来更难"！创新的确是酒店业实现大发展的"新动能"，然而酒店（集团）在创新中能够形成可复制、可盈利的模式，在创新中坚持活下来，并且活得更好、更久，这是看待酒店创新的另一个重要的维度。

以上只是对2017年几个典型事件的评论。可以看出酒店业在各种矛盾中踯躅前行。可以深入思考的是，对于矛盾，我们也许看到了矛盾的两方，却忽视了矛盾背后的深层问题。"标准与非标"的矛盾，不只是过时与时髦的问题，而是如何看待"顾客与市场"的问题；"技术与人"的矛盾，不只是现代与传统的问题，而是回归到如何解决"效率"的问题；"回归与跨界"的矛盾，不只是封闭与开放的问题，而是如何认识酒店业"初心"的问题。

正如管理学大师德鲁克在《管理实践》中指出的，"我们的事业是什么，我们的事业将是什么，我们的事业应该是什么"。对于酒店业而言，"我们事业是什么"——由顾客与市场决定；"我们事业将是什么"——由内功决定；"我们的事业应该是什么"——由初心决定。

通过技术提升酒店产业质量发展

徐凯伦　谷慧敏

设想一个酒店场景——一日清晨，你从设有传感器的床上醒来，随着眼睛缓慢睁开，灯光从柔和渐渐变得明亮，室内温度也随之变化。在你洗漱的过程中，镜子上投影着昨晚睡眠质量的数据，室内播放着你收藏列表中的音乐，门口智能机器人已经送来了符合你口味的早餐，戴上 VR 眼镜，就可以边用餐边欣赏世界各地的美景。这不是科幻小说的场景，部分场景通过技术的手段已经在酒店实现，与此同时，技术人员还在尝试将大数据、互联网、物联网以及 AR 等技术融入酒店中，未来可期。

从情境中可以看出，酒店的发展战略从粗放扩张型逐渐向追求高科技转变，开始走酒店产业质量发展的道路。酒店产业质量发展有诸多优点：从经营者的角度看，优化产业流程，延伸产品服务链，从而带动酒店资本生产率，提升酒店效益；从员工的角度来看，在降低劳动强度、劳动时间的同时，丰富工作内容，提高员工满意度；从顾客的角度来看，产业质量发展从顾客体验入手，提升其幸福感以及对酒店的满意度和忠诚度；从社会角度来看，产业质量发展对文化传承以及环境可持续发展大有裨益。本文从这四个角度展开，具体分析酒店应该如何通过技术进行高质量发展。

一、经营者角度——打造科学内部管理

大数据精准挖掘消费者需求，改变酒店收益管理和促销管理模式。传统的酒店收益管理是根据静态的以往经营数据进行销量预估，随着消费结构升级，酒店消费逐渐增加，消费人群不断丰富化，收益管理也面临着向动态及差异化管理的转变。酒店可运用大数据技术，从各大平台或者社交软件中，获取消费群体的喜好等数据，对其深度挖掘并绘制精准画像，从中总结消费规律，从而对收益管理和促销管理的转型起到重要的推动作用。

物联网技术帮助酒店优化服务流程，提高管理效率，增加酒店收益。目前酒店运营中存在很多既费时又费力的现象，严重阻碍了工作效率。例如，顾客对酒店备品的要求越来越高，通常会自备毛巾，便出现一个管理问题，顾客未使用的毛巾是换还是不换？如果不换，多次之后，毛巾卫生是否达标？据此，笔者大胆设想，是否可以运用科技手段，实现对毛巾有没有被使用进行监控？是否可以通过科学计算得出，几次未更换毛巾，其细菌含量超标则应该更换毛巾？如果真能实现这些设想，既可以节省酒店清洗备品的成本，提高备品的使用周期，也可以有效控制工作车内备品数量，降低客房服务员的工作压力。同样的，小冰箱内产品存在着是否过期的问题，如果能够运用物联网技术实现对放入产品日期的合理管控，也将大大提高酒店的服务效率。

与虚拟现实等技术相关的高科技产品延伸酒店的产品服务链，丰富酒店功能。传统概念中，酒店是为顾客提供"住宿＋餐饮"的场所，酒店行业能为顾客提供的产品趋同，文化附加值不高。消费者需求日新月异，已不仅仅局限于此，如果酒店能够创造新的卖点，则会得到更多的关注。亚朵酒店已经打造戏剧概念的酒店，尝试把技术变成消费场景，使之更加人性化，赚足了眼球。飞猪在提出VR在线选房之后，还将涉及酒店平台领域，得到业界的关注。其次，考虑到酒店空间的合理利用，通过技术将其与密室逃脱等娱乐项目相结合，也是不错的选择。

二、员工角度——提升员工工作幸福感

机器替代降低员工的劳动强度，减少员工劳动时间。智能机器人的引入，使酒店中运送物品、简单清扫客房等重复性、枯燥的工作被替代，员工有更多时间从事其他有趣味性和创造力的工作，例如帮助顾客使用高科技产品等，从而丰富其工作。酒店管理系统的科学化，保证员工工作中考核的公平性。云计算存储量大、成本低，酒店PMS软件配备云部署解决方案，使其管理功能更加强大及完善。

三、消费者角度——抓住痛点，提升对客服务

人工智能技术使服务供应链扁平化，优化服务流程，增加服务便捷性。消费者普遍反映办理入住和退房的手续烦琐，不够便捷，甚至节假日期间，等房的过程非常煎熬。目前，快速办理入住的痛点已被解决——2017年，携程推出的"Easy住"战略实现了"在线选房"的功能，如果再获取顾客到店时间，则能有

效地解决等房之难题。"闪住2.0"以及"自主入离机"的功能,将开发票环节提前到入住期间,有效缓解了退房高峰期的排队现象。关于酒店使用机顶盒的现象,不仅需要两个遥控器,还不容易操作,常常需要求助酒店员工。目前也有很多公司为酒店研发了覆盖直播、点播以及酒店运营平台的相关电视产品,酒店应该思考,在控制成本的情况下,是不是也应该对其进行升级迭代。

智能家居的运用不仅提升顾客体验,也是注重保护顾客隐私的表现。CitizenM打造家居客房,从登记入住到调节照明、温度、窗帘,都可以通过MoodPad控制,系统会记录个性化设置,客人下次入住时仍然有效。万豪酒店集团也提出了"智能交互体验客房"概念,使得本文开头提出的情境逐渐成为现实。除此之外,在获得信息的成本越来越低的今天,顾客的隐私越来越少。酒店作为一个公共场合,消费者难免会有一些不方便公之于众的需求需要得到满足,这个时候,当他们不愿意与别人接触时,智能机器人便能很好地解决这个问题。无论是简单的物品运送,抑或是日常聊天,智能机器人无疑是最好的选择。

四、社会层面——提升整个社会福利

各种技术综合运用,打造酒店智能化系统,降低酒店能耗,保证环境可持续发展。空调用电在酒店能耗中占较大的比重,无论是酒店大堂、客房还是楼层,如果能根据客流量的波动情况,提前调整控制状态,则既保证了舒适性,又能节能。例如,房间空房状态时,可将空调调至低能耗状态,当客人办理入住时,同时将其调整到正常状态;酒店淡季时,可以将顾客集中安排在某一区域,只需要启动该区域的机电设备即可。

酒店使用公安上传系统是其采用技术造福全社会最典型的例子,要求住客实名入住的规定,让罪犯逃犯无处躲藏。酒店能做的还有很多,例如酒店作为公共场所,具有很大的人流量,可以作为信息采集中心。采集对象应不仅仅局限在生物信息方面,还可以包含一些交互信息以用作研究。出于伦理的考量,这些信息仅能做研究使用,不能用于商业行为。

通过技术提升酒店的质量发展是未来的趋势,要在综合考虑酒店内部现存的管理问题、消费者的痛点以及社会福利的需求及伦理的基础上,有针对性地增加技术含量。无论是从何种角度出发,只有把理论实践化,真正做出适合酒店的产品,才是酒店经营的王道。

民宿发展：既要正视挑战，也要捕捉机遇

谷慧敏

共享住宿是指以互联网平台为依托，整合与分享海量分散的闲置房屋、房间及其配套设施等资源，满足多样化住宿需求的各种经济活动的总和。随着我国国民旅游消费的持续增长，消费者在选购旅游产品、享受接待服务时越来越希望掌握主动权，更加关注自主化、多样化的消费模式。消费者在休闲度假中也不再满足于简单的观光和娱乐，更愿意深入感受当地的风土人情，深度融入当地人的日常生活中，消费者的社交和文化诉求日益强烈。

然而，当下传统星级饭店、经济型饭店等标准化住宿业态尚无法很好地满足消费者这一需求，共享住宿"生逢其时"，正好迎合了消费者的陌生人场景化社交需求。因此，以民宿、短租等为代表的非标准化住宿业态受到家庭出游群体的青睐，尤其吸引了年轻人，产业规模迅速扩大，诞生了一系列住宿分享平台。

目前，共享住宿在全球范围内发展迅速，但是在蓬勃发展的背后，由于市场发育的不完善、市场监管机制的滞后、技术的不完备、管理协同作用的不充分等，处于成长阶段的共享住宿也面临诸多挑战，如安全问题、社区关系问题、税收漏洞等，尤其是对现有的社区管理提出新的要求。

大家比较关注的首先是行业发展质量和管理问题，其次是传统监管体制机制滞后问题。目前治安和消防安全管理难以涵盖新的业态模式，出现了监管盲区。短租客人进入社区，对居民日常生活可能带来诸多困扰，如噪声、拥挤、停车及环境卫生问题。此外还有共享住宿经营者的法律地位问题。虽然国家政策是鼓励支持共享住宿，明确了放宽共享住宿等旅游新业态市场准入的大原则，但目前尚未出台相关的管理办法与实施细则。行业并没有法律法规和统一的国家标准支持，实际发展过程中仍处于灰色地带，全国各地在对共享住宿执法过程中，无统一法规可循，导致各地自公安执法部门到社区普通民众对共享住宿的态度和认知各不相同。

国家发改委2018年5月出台《关于做好引导和规范共享经济健康良性发展有关工作的通知》,在明确落实构建综合治理机制、压实企业主体责任等措施背景下,一些地方公安严管控、强处罚,让那些充满热情投身共享经济的从业者对政府是否支持鼓励共享经济发展产生了疑惑。共享住宿的健康有序发展仍需政府、平台以及各方主体共同参与和协同治理。

与此同时,共享住宿业的发展对传统的社区管理提出了新的挑战,社区人口与短期停留的旅游者融合在一起,社区运行模式正在发生变化。因此,在社区管理中,一是应把短租旅游者的管理工作纳入社区管理中来,尤其是在治安、城管和消防等领域;二是要在社区中加大好客精神的培育,打造开放、包容的美好社区,使社区成为人文交流的重要平台;三是要积极建设社区宣传途径和平台,加强社区内标识体系建设,营造便捷、高效的社区公共服务体系;四是要引导房东更多参与社区建设中,搭建房东与社区沟通的桥梁,促进和谐社区建设;五是要建立与社区住宿收益共享机制,让房东参与到社区建设和日常管理工作中来,提高房东的社区参与度。

纵然挑战重重,我们仍应看到,共享住宿在我国的蓬勃发展丰富了住宿业的内涵,提供了更加优质的旅游服务,更好地满足了人民对美好生活的向往,促进了住宿产业供给侧结构性改革,同时在拓宽就业创业渠道、增加城乡居民收入、助力乡村振兴等方面也发挥了积极作用。

目前,我国共享住宿参与者人数约7 800万人,共享住宿平台企业给社会带来了大量灵活的就业与创业机会。2017年国内主要共享住宿平台上房东、保洁管家、摄影师等提供服务者人数约为200万人,大量自由职业者、IT从业者、全职太太、企业职工、退休人群都加入了共享住宿行业,有研究表明,平均每增加1个房东,可带动2~5个灵活就业岗位。

相关研究显示,我国主要城市住房空置现象严重,总体空置率约四分之一,其中一些旅游热点城市空置现象尤为突出,如三亚的空置率高达80%。共享住宿为房地产的转型注入了活力,帮助盘活城市闲置房源。随着国家"租售并举"政策的出台,共享平台为不同出行目的的消费者提供个性化的住宿服务,从而提高闲置房源的使用率。但是从实践来看,目前共享住宿的发展水平还比较低,平台上的共享房源仅占我国空置房源的4%左右,还有巨大的潜力有待挖掘。

虽然共享住宿行业最初是从北上广深等一线城市发展起来的,但目前正在加速向二三线城市拓展。以小猪平台为例,一线城市和成都、重庆、西安等城市依然是共享住宿的主流市场,排名前十位城市的房东、房源占全国总量的比重分别达到 48.9%、47.6%。从订单增长来看，一些热门的二三线城市共享住宿呈现爆发式增长，如宁波增幅达 750%，湖州增幅为 680%，呼和浩特超过 600%，二三线城市共享住宿有望迎来新的增长。

值得关注的是，共享住宿在农村也有广阔的发展空间。2017 年 8 月至 12 月，有 20 多万名游客入住乡村民宿，明显带动了当地旅游、餐饮、交通、购物、娱乐以及保洁、维修等上下游服务。《中国乡村旅游发展指数报告》指出，过去五年，中国乡村旅游游客接待人次和营业收入年均增速分别达 32.0% 和 26.2%。预计到 2025 年乡村旅游人次将接近 30 亿人次。共享住宿在农村的拓展推动了乡村民宿的转型升级和品质提升，它可以有效盘活闲置农宅院落，提供农产品、住宿、餐饮等系列服务，带动乡村旅游业整体发展，为农村居民提供就业与增收机会，提高乡村自我造血功能，助力美丽乡村建设。

饭店业开放、改革与发展四十年：重要事件回顾及解读

秦 宇

1978年到2018年间，中国饭店市场的总量、结构和特征都发生了翻天覆地的变化。这些变化受到一系列重要事件的影响。这里的所谓"重要"，是指事件改变了既有的结构或发展路径。选择、再现并解读这些重要事件，对于我们认识这四十年间饭店业的变化有较大的价值。以下，我们大致按照时间顺序回顾这些事件并对其意义进行解读。

1. 1977年11月17日，邓小平同志与广东省委负责同志谈旅游时指出要用制度解决问题，并总结说："看来最大的问题是政策问题，政策对不对头，是个关键。"[①]1978年10月9日，邓小平同志会见美国泛美航空公司董事长西威尔后，同民航总局、旅游总局负责人谈话时指出："利用外资建旅馆可以干嘛！应该多搞一些点。"[②]

解读：小平同志意识到制度层面突破的重要性，并在之后饭店业引入境外资本和技术过程遭遇各方阻力的关键时刻频频出面力挺，使得饭店业的开放得以推进，从此揭开了饭店业深刻变革的大幕。

2. 1978年11月，在十一届三中全会召开之前，国务院成立了以谷牧、陈慕华、廖承志为首的"利用侨资、外资建设旅游饭店领导小组"，办公室设在国家旅游总局，工作很快开展并取得成效。

解读：这个小组极大地推动了利用境外资金建设饭店的工作。建国饭店、长城饭店、白天鹅宾馆、花园酒店、丽都假日饭店、金陵饭店等著名饭店的合资或合作，都是该小组克服重重困难和周折推动、落实的。建国饭店和长城饭店也成为全国首批合资企业。

---

① 邓小平年谱（1975—1997）上［M］.北京：中央文献出版社，2004：238.
② 同上，第398页.

3. 1979 年到 1982 年，全国召开了三次旅游饭店工作会议。参会饭店的数量也从第一次的 76 家增加到第三次的 340 家，基本覆盖了当时能够接待外宾的主要饭店。三次会议分享了先进饭店的管理经验，出台了《关于办好旅游饭店的基本要求》等文件并向全国印发。

解读：会议提出了旅游饭店的基本服务要求和基本管理原则，要求各方"尽快提高饭店业的服务水准和管理水平"并"转变机制，变事业单位为企业经营"。这些运营管理层面的改进，为之后引入更大力度的制度层面的改革探索了道路。

4. 1979 年 9 月，上海旅游高等专科学校（时名为"上海旅行游览专科学校"）成立并开始招生，这是全国第一所培养旅游高级专门人才的高等专科学校。1980 年起，旅游总局分别和杭州大学、南开大学、西北大学和北京第二外国语学院等院校合作，招收本科生。

解读：这些学校和专业的设立，改变了饭店业中人才培养依靠"师傅带徒弟"的传统做法，为饭店业和旅游业培养了大批高层次人才。他们中的相当大一部分后来在饭店业或旅游行政管理机构担任高级管理职位。

5. 1980 年开始，大规模地推进"请进来、走出去"，学习境外先进技术。例如，一共派遣了 18 批次的全国各地区饭店管理骨干到香港美丽华大酒店进行为期五个月的实习培训；购买了国外饭店各工种服务培训录像并巡回播放；选拔人才到瑞士、美国、德国等国家接受饭店管理高等教育；1980 年开业的珠海石景山旅游中心聘请了香港职业经理人张奎麟担任总经理；两年后开业的建国饭店引入香港半岛酒店管理公司，40 多位专业饭店管理人员进驻饭店。之后建成的外资饭店大都聘请了境外管理公司管理。

解读：境外职业经理人和管理公司的管理与服务理念一则迅速提高了中国旅游饭店的品质，二则极大地冲击了在原有招待所管理和服务模式下的国内饭店从业者，更重要的是对当时封闭过久的整个社会都产生了重大影响。

6. 1984 年 7 月 24 日，国务院批转了国家旅游局《关于推广北京建国饭店经营管理方法有关事项的请示的通知》，掀起了"全国饭店学建国"活动。到 1985 年，旅游系统的两批次 102 家饭店和商业系统的 50 家饭店参与该活动并得到了相应的政策扶持。

解读：全国范围内主要的国营饭店（包括北京饭店、锦江饭店等）都参与了"学建国"活动并获得了相应政策支持，开始执行经理负责制、对饭店职工免费供应工作餐、取消奖金封顶等外资饭店才有的政策。

7. 1985 年 10 月 25 日，兆龙饭店举行开业典礼，邓小平、杨尚昆、习仲勋、万里、谷牧、陈慕华 6 位副总理以上级别的中央领导出席。之前，小平同志为兆龙饭店题写了店名。事实上，从 1980 年 6 月建国饭店开工典礼算起，邓小平等一批国家领导人就频繁出席合资合作饭店的开工仪式、开业仪式、周年庆典并题名、题词。

解读："北京建国饭店等企业将动工兴建""兆龙饭店在京兴建"的报道也登上了《人民日报》头版，这些在今天看来也都是不可想象的。通过领导人出面的方式，为利用侨资、外资建设的饭店"正名"，表明中央领导层对饭店业对外开放的支持，更是利用这一场景向全世界公开表明中国对外开放的决心。

8. 1986 年，建设银行会同国家旅游局、城乡建设环境保护部组织有关单位在原国家建委和国家旅游局 1979 年颁发的《关于旅游旅馆建设的几点意见》的基础上，制定了《旅游旅馆设计暂行标准》并向全国各省区市的计委（建委、建设厅）下发。

解读：这一标准较为全面地规定了旅游饭店在选址、建筑、装饰、陈设及设备等方面的标准，为饭店设计和建设提供了指南。这个标准中首次提出"旅游旅馆可按标准房间和装饰、陈设、设备的标准分为四级"，并明确了各级之间的异同。

9. 1988 年，《旅游涉外饭店星级标准的划分与评定》颁布并开始实施评定。一年以后在北京昆仑饭店举办首批星级饭店的颁布仪式，吴学谦和陈慕华两位副总理出席并为获星级的饭店颁发了证书。

解读：星级评定标准对饭店的设计、建造、运营、管理和服务都产生了巨大影响，并辐射到全国各行各业。"星级"成为管理和服务规范的代名词，"五星级"成为人们心目中最高品质和档次的象征。

10. 1993 年，国家旅游局下发《饭店管理公司管理暂行办法》，提出"对外管饭店应严格控制，原则上不再增加。""建立我国自己的饭店管理公司，实行专业化、集团化管理。"

解读：在此之前的 1988 年，国务院就下发了《国务院办公厅转发国家旅游局关于建立饭店管理公司及有关政策问题请示的通知》（国办发〔1988〕17 号文件）。《饭店管理公司管理暂行办法》则具体落实了 17 号文件中的原则和要求。通过组建饭店管理公司并对外输出管理，白天鹅、锦江、金陵、建国等国内领先饭店的管理经验和技术开始成建制向国内饭店业较不发达地区输出。

11. 1993 年，维也纳酒店集团董事长黄德满到深圳租赁经营了一家小旅馆，之后几年，东呈酒店集团董事长程新华、布丁酒店董事长朱晖也开设了第一家酒店（旅馆）。十几年后，这些从一家小酒店（旅馆）起家的企业都长成为拥有数百家甚至上千家饭店的集团。

解读：以服务国内中低端客源需求为主的民营酒店（旅馆）成千上万，大多数企业都未能超越入行时的思维和商业模式，少数则在创始人强烈的事业心和敏锐的市场洞察力指引下，依靠学习力和执行力成长起来，完成了从草根旅馆到大型饭店公司的逆袭。

12. 1996年，徐祖荣获得锦江集团高层的支持，启动了锦江之星项目，并很快开设了第一家门店：锦江乐园店。

解读：这家饭店干净、卫生、舒适，交通位置便利，价格适中，一开业就得到访沪游客的青睐。特别值得指出的是，锦江之星开创了完全根据中国客人的需要设计、建造饭店产品和服务的先河，开启了持续至今的有限服务饭店时代。

13. 2002年，如家成立，之后三年格林豪泰、汉庭和七天相继成立，这些公司都由非饭店专业出身的企业家或职业经理人领导。

解读："外行人"在饭店业中实施了跨地区发展、品牌细分、总部—区域—门店管控体系、会员体系、特许经营等前所未有的新实践，引发了饭店业中经营管理理念和实践的重大变革。

14. 2003年，碧桂园广州凤凰城酒店开业；2004年，万达在宁波的鄞州万达广场项目兴建了一座后来交由索菲特管理的饭店——这两家饭店后来均被评为五星级。地产公司从此成为中国饭店市场中的一支重要力量。

解读：地产公司在全国大小不同的综合体中建设酒店并竞相引入国际知名品牌，虽然很多二三线甚至四线城市从此也有了国际品牌的身影，并且开发商、地方政府、国际品牌等主要利益相关者都获益匪浅，但是也造成了饭店运营的先天不足并影响了行业整体健康发展。

15. 2005年，如家在纳斯达克上市。四年之后，华住和七天也分别在纳斯达克和纽约证交所上市。

解读：在美国上市表明这些公司的合法性得到认可，使得它们能够为其与涉外饭店截然不同的商业模式"正名"："我们是美国上市公司。"资本市场对经营信息披露的要求和来自股票市场的压力也使得它们的经营和管理更加规范。

16. 2006年，南京丁山香格里拉大酒店更名为南京丁山花园大酒店，深圳彭年希尔顿酒店的业主也和希尔顿集团解除委托管理合约。

解读：进入21世纪第一个十年中期之后，此类解约不断出现，具体原因合作双方各执一词。虽然解约的饭店仅是少数，国际品牌在中国委托管理的饭店数量仍然在快速增长,但是此类解约表明,饭店业主在重新认真计算聘请外资品牌管理的"成本—收益"后,仍然做出了不选择国际品牌的决策,外资品牌的运营能力受到质疑。

17. 2009 年,花间堂在丽江开设第一家门店。

解读:这家名为花间堂·植梦的饭店仅有 16 间/套房间,由丽江古城重点保护民居、纳西族中医世家"绍恒堂"和氏老宅改造而来,将精品酒店的产品设施、服务理念与当地文化融合,迎合了国人旅游从观光到度假的变化趋势,开创了国内小型高端度假饭店的先河。

18. 2009 年,尚客优成立并在之后迅速下沉到三四线市场,成为国内覆盖面最广的饭店集团。截止到 2017 年年底,这个品牌已在全国超过 1000 个城市开展运营。与之做法类似的还有都市饭店集团。

解读:与主要服务一二线城市客源和加盟商的国内主流饭店集团不同,尚客优的客户是三四五线城市的住店客人和加盟商。尽管这些三四五线城市的消费水平比较低,但是尚客优和都市饭店集团(其主导品牌是都市 118)的快速扩张,表明这些区域的消费者和加盟者对标准化和品牌的渴望。

19. 2009 年,携程与格林豪泰因销售渠道控制权问题诉诸法庭。之后 OTA 之间、OTA 与酒店之间关于控制权的冲突不断。

解读:OTA 凭借强大的送客能力和宣传能力,在为饭店企业带来收益的同时也不断提高佣金的比例和合作的条件。2015 年携程收购艺龙和去哪儿之后,单体酒店的境遇雪上加霜。不断集中的买方市场和极其零散的卖方市场,昭示了饭店产业价值链上这两个环节之间的争斗结果。

20. 2010 年,锦江国际集团成功并购美国洲际酒店及度假村公司(Interstate Hotels & Resorts, Inc.)。这是中国酒店集团在海外收购国际著名酒店公司的首次尝试,也是中国公司收购美国纽约证券交易所上市公司的首个案例。

解读:此后,在上海市委和市政府的大力支持下,锦江集团的饭店产业国际化高歌猛进,相继收购了法国卢浮酒店集团和美国丽笙酒店集团;再加上在国内收购的铂涛集团和维也纳集团,锦江集团一跃成为全球第二大的饭店公司。然而,收购整合并非易事。由大到强,锦江集团还有相当长的路要走。

21. 2011 年,途家网成立;其后一年,小猪短租成立。这两家公司也成为国内规模最大的共享住宿平台。

解读:作为一种去中心化的生产和服务方式,共享住宿平台及依托平台的房东房客创造了全新的住宿业商业模式。新模式一方面改变了住宿业中消费者的消费习惯和行为，另一方面改变了生产者的生产技术和行为，蕴含了改造传统住宿业的无限可能。

22. 2012年，万达酒店及度假村管理有限公司成立，并在2013年发布了瑞华、文华和嘉华三个豪华品牌。

解读：国内地产公司开始大规模地介入饭店产业生产的运营管理和品牌营销领域，万达也成为与香格里拉集团类似的，同时掌握了饭店的品牌、硬件和软件生产关键技术，并成为国内首屈一指的集饭店设计、营建、安装装饰、运营、营销和售后服务于一体的全产业链运营商。可惜的是，随着大部分酒店资产被卖出而保留下来的管理权又面临众多变数，这些努力蕴含的巨大潜力未来如何实现，仍不明朗。

23. 2012年，洲际集团在中国推出华邑品牌，该品牌由洲际中国团队开发和首创，将服务于正在快速成长的中国消费群体，并为其提供"中国式"的服务。

解读：这是国际饭店集团为中国消费者量身定做的首个品牌，改变了之前国际集团"引进品牌并拓展"的发展思路，首次将运营生产的价值链前移到研发环节并对管理、营销等环节提出了更高的要求。

24. 2012年，中央政治局审议通过了中央政治局关于改进工作作风、密切联系群众的八项规定。

解读：八项规定出台以后，高星级饭店中的公务、政务接待活动大幅度减少，这些饭店的营收和利润也随时快速下降。全行业出现了连续3年的亏损，许多高端饭店的客源结构和运营管理方式被深刻改变。

25. 2013年，亚朵集团成立并初步探索了中端市场的新产品模式和新商业模式。

解读：虽然如家、华住等经济型饭店公司早在2010年前后就开始谋划在中端的布局并推出了和颐及全季两个中端品牌，但是2013年才成立的亚朵是启动中端市场的主要推手。截至2018年12月，亚朵全国签约酒店数已经超600家，开业酒店数达到260多家，进入了全国近150个城市。

26. 2014年，希尔顿与铂涛签订总特许协议，将欢朋这一美国主流的中端品牌引入中国，由铂涛负责发展和运营。几年后，广州东呈酒店集团也和万豪签订了万枫品牌的总特许协议。

解读：国际排名前三的酒店集团在选择中端市场合作伙伴的时候，不约而同地选择新兴的经济型酒店公司而非传统的星级饭店公司，预示了未来中端市场的竞争格局。

27. 2014年，华住与雅高签署长期战略同盟协议，双方交叉持股，华住并将成为雅高在中国大陆、中国台湾和蒙古的独家总加盟商，负责雅高旗下美爵、诺富特、美居、宜必思尚品和宜必思的经营与开发。

解读：雅高选择成立不到10年的华住负责其中低端品牌的开发运营，表明华住集团的资源获取、运营能力和管控体系均已达到较高水平。二者的联盟也为双方未来更为深度的合作创造了很多想象空间。

28. 2016年，锦江相继收购铂涛和维也纳；首旅酒店集团收购如家并成立首旅如家酒店集团。

解读：新兴经济型饭店企业与国有高星级饭店企业之间这一并不"门当户对"的联姻，带来了理念和实践的碰撞，也为两个细分市场中差异巨大的经营逻辑的融合提供了机会。

29. 2018年，携程宣布成立丽呈酒店集团，后者随即与上海金茂酒店管理有限公司签署了战略合作协议，双方将在中国开展酒店管理方面的合作。之前的2016年，携程已经战略投资了专注景区酒店和客栈的旅悦集团。

解读：美团也在做类似的工作。OTA们从原来作为买方到开始跨界进入上游领域做一体化尝试，将有可能对产业中大量单体、零散饭店的命运带来重要改变。

注：

1. 关于题目：之所以把开放列到改革前面，而不是采用一般的"改革开放"的用法，是因为饭店业的特殊性。1975年初，邓小平开始主持国务院工作，在其领导下，国家的经济建设等各项工作紧锣密鼓开展起来。这一背景下，从1976年开始，赴中国旅行、参观、交流的境外人士即已大幅度增加，而国内符合条件的接待设施严重不足，供需矛盾已经很紧张。1978年5月，也就是在吹响改革序曲的十一届三中全会召开前半年，国务院就发布了《国务院关于解决来京外宾用房问题的通知》（国发〔1978〕103号），成立由北京市委书记担任组长的"北京外宾华侨用房统筹安排小组"，统筹协调解决住房问题，并开始将一些住宿设施对外开放。

2. 选择哪些事件？如何解读？不可否认受到作者本人的经历、知识和思维方式的限制。换一个人，选择和解读可能大不相同。如果能够有更多的人来做选择和解读，会是一个有趣且有益的事情。

加强文旅深度融合,促进酒店业优质发展

谷慧敏　宋潇潇

　　酒店作为旅游链条中重要的一环,承担着传承和创新文化的重要使命,充分发挥文化在酒店中的多元化功能是促进酒店产业消费升级、实现酒店行业优质发展的重要内容。

　　融入文化因素有助于旅游消费体验的升级。通过原真性要素来满足消费者寻求独特体验的需求,进而获得持续竞争优势(Anita Zatori,Melanie K.Smith,Laszlo Puczko,2018;曾国军和赵永秋,2013)。酒店可以在建筑外观、空间布局和装修装饰等外部表现形式中充分融入文化因素,同时开发具有文化内涵的客房、餐饮、康体休闲和仪式活动等产品和服务,赋予消费体验的文化精神象征意义。以发展"中华住宿"为己任的华住集团,扎根于大众消费群体,亦在追求品质和个性的道路上不断创新升级。全季的人文大赏,漫心的活色生香,禧玥的新中式风,通过一系列对美学、对情怀的回归,将文化艺术的沉淀和对生活的精彩体验等融入华住旗下不同酒店品牌中,使酒店在消费者心中不再只是居住的代名词,而是发现自我、体现鲜明个性的重要场所。

　　文化价值是衡量酒店产业品质的重要维度。酒店产业既是消费服务业,也是文化创意产业。酒店的公共空间如大堂、餐饮及会议场所是天然的活化文化展示地,酒店提供的生活服务用品如饮食、家居和服饰等也是文化的重要组成部分,同时酒店举办的各种节庆、演艺、庆典、社交等活动、酒店的招牌及酒店手工技艺等也是文化的重要体现。文化遗产旅游是英国旅游经济最重要的支柱之一,从城市博物馆、艺术画廊、城堡废墟、维京人和罗马人的定居点到提供时光倒流的"活"博物馆,其历史建筑的修复和保护,为旅游市场带来全新的遗产体验(Christina Goulding,Michael Saren,Andrew Pressey,2018)。

　　传承和创新社区文化是酒店可持续发展的重要方式。文化旅游是地方可持续发展、提高生活质量的替代战略,其目标是将具有文化资源特征的地区转变为度

假、居住或商务的理想场所（Youngsun Shin，2010）。标志性酒店建筑的建造既可以丰富城市文明，也可以显著提升当地居民的自豪感。同时，酒店可以为当地居民提供丰富多彩的文化展示和传播，向居民展示全新的生活理念和生活方式，改善人们的生活质量；此外，酒店通过对文化的传承可以提升员工及社区居民满意度和文化认同。尤其是遗产性酒店可以传承各项物质和非物质文化遗产，进而推动文化传承和社会进步，让员工及社区居民的文明素养在酒店浓厚的文化氛围中得到提升。

根据文化元素的时间属性和形态属性，其在酒店中的体现可以分为传统有形文化、现代有形文化、传统无形文化和现代无形文化四个维度。

传统有形文化是凝固的历史在酒店中的展现。一幢幢老建筑、一件件老家具、一张张老照片、一个个老物件，这些细节之处都是传承传统文化魅力的天然载体。比如，尽显贵族皇家设计风格的中国大饭店，大气尊贵的大堂壁画展示，闪烁金叶装饰的天花穹顶，深红色的巨型漆柱以及精雕细镂的明清风格艺术品，与饭店整体装修风格相得益彰，大气高雅，让宾客有如置身于一座迷你的紫禁城。

现代有形文化包括丰富多样的现代建筑、艺术品、时尚品牌及美食等。酒店应充分彰显文化艺术与当地城市特色，为消费者提供至臻的现代文化体验。比如，上海苏宁宝丽嘉酒店引入国内顶级摄影师作品展示，将享乐生活与高雅文化完美结合，充满现代设计感的餐厅和私密别致的钟楼式包房，让宾客可以一边享用美食，一边欣赏浦江两岸与陆家嘴天际线的迷人景致，讲述至悦奢华的目的地酒店文化，带给宾客既亲切又卓越的细致体验。

传统无形文化是历史为我们留下的精神遗产，酒店可以通过放大传统文化符号，丰富宾客文化体验，实现对传统文化的传承和发展。比如，拥有百年历史的北京饭店，历史上曾有多不胜数的名人政要在饭店居住和工作过，其名人客房以其特殊的政治效应深受宾客青睐。深厚的文化底蕴和独特的政治记忆，使北京饭店具有不可替代的政治意义和情感追溯价值。

现代无形文化体现在酒店的价值观、理念和服务等方面。酒店通过与消费者、投资者、政府、社会组织和社区等利益相关者的文化互动，传承发扬先进服务文化，讲好中国服务故事。比如，被誉为文化艺术奢华新地标的北京诺金酒店，是北京悠久历史的缩影，融合了当代中国的沉稳与变化。酒店以其现代文化的独特设计以及中式、奢华、现代、绿色四个核心为理念，让宾客感受浓厚的中国传统文化及当代中国"雅蓄于心，自在于形"的全新生活方式。

利用文化元素促进酒店业优质发展，需要企业、政府和社会的共同努力。酒店企业在设计、建设、运营和服务中需要充分融入文化因素，优化消费者体验，提升酒店文化价值。一方面酒店应充分保护和利用具有历史文化特色的酒店建筑，展现历史建筑带来的仪式感，并通过合理的改造使之与酒店整体文化氛围和当地社区民居相契合。也可以充分挖掘非物质文化遗产要素，通过非遗传人创造餐饮、装饰等酒店产品品牌。酒店可以将文化元素充分融入产品细节，赋予普通产品文化含义，将传统文化与现代生活进行创意结合，在为酒店带来更大经济市场价值的同时提升酒店文化品位；此外，酒店要充分利用现代高科技和商业模式，充分挖掘经营管理过程中的文化元素，打造全新的文化产品链和服务链，提供更多具有文化内涵和审美情趣的产品，提高文化产品的供给质量，实现酒店文化产品开发与市场的无缝对接。同时酒店可以通过内容力、人格化和参与感打造优质品牌文化 IP 形象。可持续地提供差异化内容的能力、独特而鲜明的人设与性格和能让受众互动和让互动带来内容共创和体验温度，是打造优质文化 IP 的三个必备要素（吴声，2016）。酒店可以充分利用自身服务文化、价值观和存量资源形成自己的原创 IP，同时充分挖掘和利用所在地文化元素和文化符号，打造当地文化资源的再创 IP，提供更富有创意的精神产品和人文服务，促进产品和服务升级，塑造全新的品牌文化 IP 形象。

国家需要从宏观战略层面提供扶持和引导。可以通过设立专项发展基金，形成长期稳定发展机制。建议文化和旅游部加强对遗产酒店的保护管理，可参考欧洲遗产酒店管理模式，将诸如北京饭店、上海和平饭店、广州白天鹅宾馆和天津利顺德大饭店等老地标建筑、老字号品牌、名人故居下榻地和其他具有重要历史纪念意义场所作为重点遗产酒店示范单位；并将文化属性指标纳入当地酒店监管部门的考核体系，发挥酒店在弘扬核心价值观和增强文化交流中的作用。与此同时，应注重发挥酒店在传播文化中的作用，通过政策和标准来引导酒店丰富文化内涵，提升文化品位。

人才是发展的关键。社会各界应大力加强旅游文化人才队伍建设。旅游教育应进一步拓展外延，增强文化相关专业及教学内容，完善旅游教育体系，同时在现有建筑、艺术、服饰等涉及酒店的领域，延展对酒店文化的教育，实现专业复合。加强专业培训，提升酒店从业人员的感性文化素养，优化服务流程质量。除了举止仪态、服饰礼仪等基本的服务礼仪之外，还需加强员工历史、语言、艺术等文化内涵方面的深层次培训，尤其应加强从业人员对酒店当地文化、民风民俗以及中国历史的了解，多层次、全方位提升从业人员的感性文化素养，提升文化自信；同时要加强酒店文化创新研究，如设立系列中餐文化创新基地，开展高水平的科学研究和技术研发，促进中国饮食文化发展和国际传播；积极推进酒店文化进入中小学研学旅游教育内容中，提升全民健康生活方式和生活品质素养。

　　文化和酒店的融合发展不是简单相加，而是二者有机融合，进而催生新的业态，促进产业升级和质量发展。应认识到文化对促进酒店优质发展的重要作用，以文化和酒店的融合发展为立足点，利用文化因素为自身赋能，从而使酒店成为传承展示和体验优秀文化、增强文化软实力、彰显文化自信的重要载体。

第二篇

战略与运营

由"美联航强制乘客下机事件"反思酒店超额预订中的法律及伦理问题

谷慧敏　王　静

近日,美国联合航空公司因出现超额预售情况而强制性将一名乘客拉下飞机的事情引发全球震动。美国总统特朗普称"美联航强拖乘客下机事件"的行为"horrible";各国主流媒体及公众斥责美联航的不当行为;司法部门介入深度调查;越南裔美国人集体示威抗议;美联航市值蒸发近13亿美元。

由航空业率先创新的收益管理手段,目前已在酒店、汽车租赁、广告、通信、电力等行业中广泛使用,尤其是大数据、高级计算工具的使用,使人力资源和市场匹配越来越精确,从而大大提高产品的出售率,减少产品售卖的空当期,实现企业收益最大化。然而,由于市场的复杂性和不确定性,基于模型的收益管理预测可能失灵,从而造成超额预订后无法满足顾客需求情况。为了确保企业的收益及声誉等方面不受影响,通常企业会通过商业免责条款来确保自身利益。尽管这一科学逻辑带来资源配置的最优化,但是,可能产生的负面影响及其伦理责任问题在行业和学界尚未引起足够的关注。

20世纪80年代以来,国际酒店业开始使用航空业的收益管理方法,且该方法在酒店企业提高收益方面发挥了重要作用。当然,采用收益管理减少酒店空房率,提高酒店收益的做法也不免会出现超额预订事件的发生。虽然此类事件在酒店业中未产生像"美联航强制拖人下机事件"如此大的负面影响,但是,此次事件也给酒店业敲响了警钟,需要我们认真反思可能存在的法律和商业伦理风险。

第一,任何规则制定必须建立在法律的基础上。针对超额预订情况,无论航空业还是酒店业都采用了相应的免责条款以避免法律纠纷。为了规范超额预订行为,中国旅游饭店业协会于2002年5月1日起颁布实施、2009年8月再次修订的《中国旅游饭店行业规范》中的第五条规定:"饭店由于出现超额预订而使预订客人不能入住的,饭店应当主动替客人安排本地同档次或高于本饭店档次的饭店入住，所产生的有关费用由饭店承担。"但这些行业规定和行业内约定俗成的做法是否还存在法律的漏洞还需要各方进行深入探讨。

第二，任何规则制定必须符合商业伦理。企业发展需要消费者、企业、政府等多方利益相关者的参与。行规和企业规则应考虑多方利益相关者需求，不能只强调满足单方利益需求。超额预订工具更多是基于企业收益最大化及优化角度，尽管企业也提出了在服务无法满足时提供相应补偿，但这些补偿条件是否违背消费者意愿，是否给消费者体验带来了负面的影响则往往被忽视。

第三，任何规则制定必须基于人性的需要。在"冷工具"——管理工具和技术工具盛行的当代，人与人之间的面对面交流被人与人通过技术工具间的间接交流或人与机器间模式化的"冷"交流替代。目前，机器学习及大数据计算在各行各业中越来越被广泛使用，由此带来的精确性实现了人工和系统的"无缝对接"，人在其中变成了"机器"。超额预订也顺应了这一逻辑，高情感的对客服务在此变成了非人性化的"机器计算"结果。20世纪70年代托夫勒在《第三次浪潮》中提出高技术也要高情感。

对于酒店业来说，行规和企业服务与管理制度的制定既要合理，更要合情，应充分体现人性关怀。人可以利用机器通过计算消费者的购买价格、到达时间、消费额度等指标来选择"谁该下飞机""谁会没有房间"，但机器却无法代替人去感受人们内心丰富及复杂的情感。否则，人类对资源和财富的贪婪攫取将使得《机器纪元》所描绘的"人类黄昏"不可避免地降临。

从工具逻辑到价值逻辑

——有限服务酒店业的突围与回归

秦 宇

导语： 有限服务酒店业已经陷入恶性竞争的旋涡并面临发展困境。这些困境之所以产生，是因为我们在企业成长过程中遵循了工具逻辑而不是价值逻辑的思路。工具逻辑的增长思路带来了一系列问题。如果要摆脱困境、实现突围，我们需要回归传统、回到酒店业中遵循价值逻辑的增长方式。

2017年第一季度的季报陆续披露，我们观察到有限服务酒店行业中出现了主要绩效指标改善的趋势。例如，如家集团的经济型酒店系列、华住的全系列酒店、锦江之星的全系列酒店，Revpar 分别比去年同期增长了 2.2%、9.8% 和 1.36%。行业分析师和一些公司的高管认为有限酒店服务业已经摆脱了过去几年业绩下滑的颓势，走势正在向好。

那么，走势向好是否是这个行业发展绩效的主流呢？

我个人觉得可能并非如此。通过最近几年连续的观察，我们认为恰恰相反，有限服务酒店业已经进入竞争恶性的旋涡。简单来说，这一恶性竞争起源于行业的高速增长。随着市场规模的扩大，企业之间的竞争升级，一方面抬高了各类资源投入品的价格，另一方面造成销售难度加大，出租率持续下降。为了应付竞争而在各个方面推行的成本压缩做法又使得产品品质无法得到保证，顾客满意度下降并开始流失；与此同时，越来越大的供给规模进一步分流并抢夺客源；再加上最近几年的房租、人力等成本的迅速上涨，有限服务酒店的投资回收期越来越长，甚至开始出现很多投资收回无望的酒店。

恶性竞争使得有限服务酒店业的两个最重要客源群体——酒店顾客和酒店加盟商——都在逐渐远离这个市场。一方面，产品和服务质量的下滑不断把顾客推离这个市场。我们自己前段时间住的某品牌酒店，进入房间后不仅卫生没有打扫好，反映问题也无人及时应对，甚至无门投诉。另一方面，近年来行业里出现的各种加盟商和品牌之间种种纠纷愈演愈烈，各大品牌大量出现的关店潮（由于新开店数量更多，因此门店净增长仍然较大）都引发我们很多思考。这种状况持续下去，公司的价值将开始贬值。有一些公司即使还没有破产，但是它的价值已经跟以前没有办法相比。更严重的问题是，如果这成为全行业的共同现象，这个行业的发展前景会蒙上一层厚厚的阴影。在这个过程当中，如果我们行业中的从业者不去做一些努力，去寻找改变和突围的方法，那么长远看来我们每个人的价值也会贬值。

中国有限服务酒店业正处在一个转折期。这个转折期的重要标志就是行业的增长率已经出现大幅度下降。盈蝶公司的统计报告表明，2016年连锁酒店行业（主要由有限服务酒店构成）增长率只有8.4%。这是过去十几年中行业增长速度首次跌到了个位数。从2017年第一季度的数字看，增长率可能还会更低。因为华住第一季度只开了67家新店，如家开了22家新店，跟去年同期相比都有很大程度的下降。这个趋势表明，有限服务酒店市场中依靠增量扩大实现增长的外延式发展方式很有可能已经走到了尽头。未来三四年中，这个市场中很有可能出现存量萎缩的局面，也就是负增长。如果现在不想办法改变，突出重围，今后等待我们的将是更残酷的商业竞争。

现在的困境，到底是什么原因造成的？我个人认为，主要原因是行业中的增长逻辑错了。我们以工具逻辑的思路去促进增长。什么是工具逻辑？就是把这个行业中的利益相关者，包括顾客也好，加盟商也好，员工也好，都看作是实现我们增长的工具。什么是价值逻辑？就是把这个行业中的利益相关者的主体价值看作我们增长的目标。在工具逻辑的主导下，我们看到整个有限服务酒店业在过去的十几年里面野蛮生长。2006年，客房总数不到10万间，之后只用了6年时间就达到了100万间的规模，再用4年时间，到2016年已经超过200万间。反观星级酒店的增长，实现10万间客房（1985年）到100万间客房（2003年）大概花了18年时间。高速度的增长，带来了低质量的增长结果。

第一，用户数量快速增长，但是用户并没有变成忠诚客户。很多公司在介绍自己成就的时候，都会提到每年新增了多少会员，往往都是百万或千万级别。但是，由于产品和服务本身的问题，这些会员有可能到我们酒店住过，可他们中的大多数并没有从用户变成我们的客户，也就是他们可能跟我们的酒店产生一次联系，之后就不再是我们的客人。即使他们再次消费我们的酒店，也很有可能是因为市场中找不到更好的替代品。这不禁令我们想起一个类似的例子。在社交媒体竞相发展的时候，Google 凭借庞大的用户规模，用了 24 天时间就将社交媒体平台 Google+ 的用户数提升到两千万，但是，很多用户尝试几次就不会再用了。Twitter 和 Facebook 都花了三年左右的时间，才将用户数增长到两千万，但是这些用户都变成了忠诚客户。

第二，实现了高出租率和高 GOP 率，但是 Revpar 在不断下降。以如家和华住两家在市场中规模较大、业绩较好的公司为例，从 2011 年到 2016 年，整体来看这两家公司的 Revpar 处于下降通道中。由于房租、水电等刚性的成本难以缩减，所以，不断降低人房比，对人员成本进行控制，成为各大公司在 Revpar 普遍降低的情况下确保盈利的重要做法。行业的人房比从 2005 年左右的 0.33，降低到 2010 年左右的 0.25，再降低到 2016 年左右的 0.2，有些公司降低到了 0.17。但是，减少人手给维持顾客体验带来了很大的困难。

第三，市场覆盖率快速提高，但是没有找到应对市场不均衡的好办法。目前，主流有限服务品牌都覆盖了上百个城市，这种高覆盖率使得标准化运营的效率与中国极度不均衡的区域经济发展之间产生了矛盾。中国地域广阔，地区之间和不同类型的城市之间存在消费水平和消费偏好的巨大差别，一旦覆盖率超过某个临界点，就会出现消费者对有限服务酒店的标准化产品和服务的不同理解，极大影响品牌认同并对公司的绩效产生不利影响。

第四，基本上形成了全系列品牌谱，但是主流品牌却越来越不能够满足顾客升级的需求。因此，一方面是新推出的品牌并未如主流品牌那样得到较大的认同，另一方面主流品牌却由于不能够满足顾客升级的需求显得越来越落伍。一些公司已经意识到了这个问题并且开始做出改变。例如，华住的汉庭升级计划预计到 2019 年会将 90% 的汉庭酒店都升级为 2.0。但是，花这样大力气去做的企业，并不是太多。

第五，转型跨界成为热词，但是主业却没有做强。在很多的论坛会议上，高管们都在谈转型和跨界，包括做与酒店产品和服务相关的 IP，例如枕头、洗浴用品等。我个人认为，转型和跨界都应该是在我们的主业做好、做大的情况下，才能够去做，是锦上添花的事情。如果我们的主业还没有做强，就去谈跨界、谈转型，则蕴含了很多的风险。因为酒店是一个长链条、多维度、高复杂的服务产品，不做强做精，任何一个环节出问题，都会导致顾客体验差，并影响转型产品和跨界产品的业绩。因此我们认为，我们应在先把自己的本分做好的情况下，再去谈转型的问题。另外，转型不是转行，而应该是围绕着住宿业的核心产品去做转型，这样的转型才是有基础的转型。

第六，开始拥抱互联网，但是发现线上企业纷纷走向线下。在我们强调走到线上的同时，很多大的线上企业，在走向线下。例如，亚马逊在美国开设实体店，阿里提出新零售的战略等。实际上，酒店已经是一个很重要的线下流量入口，把这个入口的流量做好，线上的销售和获取客源都不会是大的问题。例如，一个拥有30万间客房的酒店公司，如果你每年的平均出租率能做到80%，也就是一天差不多有24万的顾客入住你的酒店，一年差不多是九千万。九千万顾客里面，如果只有10%是新顾客，我们就相当于900万新的流量进来。900万的新流量如果从线上拿，得花多少钱？可惜，由于产品体验不够好，我们把很多已经进门的顾客又放走了。

我们需要以产品为核心，回归价值逻辑。这种价值逻辑最核心的一点就是我们能不能够为顾客提供价值、为加盟商提供价值、为员工提供价值，而不是把他们当作扩张的工具去看待。为什么说是回归价值逻辑，是因为中国酒店业的37年发展历史上，已有价值逻辑增长的好例子。例如，北京的建国饭店，依靠优质的产品和服务，不仅赢得了广大顾客的青睐，而且为投资者提供了良好的回报，还为中国酒店业培养出一大批经营管理人才，员工的价值也得到了实现。最早的一批有限服务酒店，例如锦江之星，也是依靠价值逻辑实现了增长。我们应该回归到建国饭店对产品、对服务品质追求的传统，学习如何为顾客创造价值。如果商业竞争只剩下一个维度的话，一定是产品，而不是渠道。如果说产品竞争只剩下一个维度的话，一定是价值创造，能够为顾客创造价值。如果说价值创造只剩下一个维度，那一定需要去满足消费者核心的需求。最近几年很多人谈褚橙，也有人说大家买的是情怀。但是让消费者一再为情怀买单，是不现实的。褚橙卖得好，真正原因还是好吃。因为这个产品给消费者价值，所以他才会持续地消费。

那么，在有限服务酒店中，核心需求是什么？我想主要是三个，第一是睡个好觉；第二是使用无忧；第三是不丢面子。首先，消费者入住有限服务酒店，核心目的就是睡觉，不是别的。如果有别的需求，他可能不会住有限服务酒店了。其次，消费者使用这个产品当中不想有任何的担心，包括干净、快速、效率、安全等。最后，住有限服务酒店的人，我们不要想着给他提供什么面子，让他不丢面子就够了。但是，对上面三个核心需求的理解，不同代际的人可能完全不一样。因此，我们设计的产品应该考虑到代际之间的差异。如果要给有限服务酒店寻找一个对标对象的话，我想应该是麦当劳和肯德基。

在价值创造过程当中，不一定需要"多"，反而可能需要"少"。例如，我们在做产品设计的时候，没有必要搞得很复杂，只需要聚焦若干核心要素就可以了；我们做品牌的时候，需要对已有品牌做到不断迭代，推动品质持续提高，没有必要搞太多品牌；我们服务一类细分市场就够了，不是所有人都是我们的顾客。除了好的产品和服务之外，我们还需要好的系统来支撑我们的产品和服务。首先需要运营系统对产品和服务进行支撑，其次需要管理系统对运营系统进行支撑，最后需要文化和学习系统对管理系统进行支撑。这些系统性的工作，不是一蹴而就的，而是需要我们不断投入精力深耕，精益求精。如果这些系统做不好，产品和服务的迭代升级不可能顺利完成。换句话说，当我们用产品和服务满足顾客核心需求的时候，要想做到可持续性，必须有高效的系统做支持。未来有限服务酒店企业之竞争，表面上看是产品和服务的竞争，本质上看是系统的竞争。

总之，目前有限服务酒店业正处于一个关键的转折期，这个转折期中的很多困难是因为我们的增长逻辑是基于工具逻辑的出发点去考虑的。只有把增长逻辑做一个转换，从工具逻辑到价值逻辑，我们才有可能克服这些困难。只有坚持价值逻辑的企业，才能够在市场当中保持可持续发展。做企业最重要的就是长久，因为一旦长久你才能够认真面对各种利益相关者并对他们有所交代。我们应该回归行业传统，通过产品和服务的迭代改进不断满足顾客核心需求，走价值逻辑导向的增长思路。

闯入酒店业的新物种

李 彬

内容提要： 最近有个段子，2017年6月的某个酒店行业会议的圆桌论坛上，几位嘉宾就自己的公司是否是OTA的争论而引起了场上场下、线上线下的小小狂欢，虽是个小插曲，却也反映了在酒店人眼中OTA们的形象以及酒店与OTA之间的爱恨情仇。应当说，携程、去哪儿、艺龙和途牛等国内OTA巨头们，通过之前对渠道资源的控制到如今对数据、流量、用户消费行为的控制而已经拥有强大的话语权，使很多酒店到了"谈OTA色变"的地步，上述小插曲中所反映出的情绪就是两者关系的写照。

如果把当今的商业时代看成是一个生态系统，伴随着互联网的产生和全面渗透，生态系统中不断出现新物种，甚至个别新物种一眨眼就可能成长为庞然大物，这种多样性、动态性是生态系统得以维持和演化的重要方面。在这一背景下，近二十年前在酒店业出现的OTA这些新物种所形成的生态系统，仍然会受到这样一个不可逆转的大趋势的冲击。"跨界打劫"的新物种的出现将会成为常态。谁又能说，未来滴滴打车、百度、腾讯不会闯入酒店业而成为新物种呢？

作为闯入酒店业的新物种之一，美团旅行的基因来自其"母体"的美团点评。美团点评在收购了大众点评网后成为中国最大的服务业互联网平台，在餐饮、电影、旅游酒店、KTV、婚庆等领域保持领先地位，覆盖超过全国2800个县市区，拥有用户6亿，合作商家450万，移动端月度活跃用户超1.8亿，年度活跃买家达2.2亿。拥有独特基因的美团旅行是美团点评旗下的一站式综合住宿服务平台，公开报道的数据显示，2016年美团旅行的酒店全年入住间夜超过1.3亿。截止到2017年4月29日，美团旅行的酒店已实现单日入住间夜超过120万的良好绩效，仅从这个指标看，已成为规模最大的酒店预订平台之一。

拥有互联网公司基因的美团旅行这一新物种的成长，依靠的是"数字化赋能服务"来实现与酒店的共赢,即依托自身的大数据和 IT 技术对传统的酒店业提供赋能服务,让酒店在日常运营中拥有数字化的思维、方法论和基础设施工具,从而提高其经营管理水平,向现代生活服务业转型升级。具体来看:

一、美团旅行拥有用户本地消费的大数据

数据永远是互联网公司的"命根子",美团借助收购大众点评网而获取了海量用户在"吃喝玩乐"等本地生活消费方面的大数据,同时也拥有大量生活服务型企业(合作商家)的数据。这一独特基因是美团旅行区别于其他 OTA 的最重要的特征。除了该数据的规模量级令其他 OTA 难以企及外,这些本地化消费的数据迎合了当下旅行者对于"本地化""社区化"消费的新需求,已成为当下酒店、餐饮、旅游等企业竞相争夺的"流量入口",一些酒店集团更提出了要将酒店打造为本地化生活服务平台。但显然从线上的入口看,美团旅行更拥有天然的数据优势。围绕这些"吃喝玩乐"数据,美团旅行可以将自有的大数据与酒店商家共享,如用户画像、商圈画像等,让酒店更加了解消费者特征,如酒店用户里32% 通过美团点评产生美食消费,17% 产生游乐消费,如果对这些数据进行更为精细化的分析,将可以提供更加精准的营销与产品服务。同时,围绕本地生活服务大数据,酒店作为一个"本地生活空间"的想象空间更加巨大,如以酒店这一线下体验场景而打造的 O 式"酒店 + N"跨界整合平台,是打通线上与线下、酒店与本地生活服务业态之间的重要方式。

二、为酒店提供综合性、一体化的赋能服务体系

提高传统的中小酒店在数字化、信息化方面的能力需要提供体系化、一体化的服务解决方案,美团旅行试图打造这样一个服务体系。

一是通过共赢的 CD 模式来助力酒店经营管理,这是赋能服务体系的重要内容。其中,C(Cross)是开源,帮助酒店商家提升效益。如在时间方面,可以为酒店商家做好收益管理,提前帮助酒店商家培育 18~25 岁的高潜消费群体;在空间方面,能够实现本异地客源互补;在品类方面,满足顾客一站式住宿需求,从而提升酒店商家的综合收益。D(Direct)是节流,帮助酒店商家以更低成本、更高效率获取顾客。一是"自主"节流,商家在这个平台上可以实现自主上单、自主变价、自主设定库存、自主发布营销活动。二是"高效"节流,提升库存效率、提升资金费用效率、提升人员工作效率。总之,美团希望将自身打造成一个酒店可以自主运营的"直销"渠道和可以高效使用的经营管理工具,用美团旅行

的话说，是"打造酒店经营管理的水电煤"，即以互联网为基础的数字化基础设施。

二是通过 O 式的教育培训平台来为酒店的"人才"赋能，这是赋能体系的重要保障。基础设施只是工具，只是解决了赋能的基础部分，而如何使用这些工具，甚至创造性地运用这些工具来提高绩效则涉及酒店人的"思维与方法论"这一更为深层次的问题。因此，美团旅行主动引进对互联网与酒店业务融合理解较深的人才加入，并让他们作为具体的赋能"教师"去培养酒店学员，目前打造的线上线下一体化酒店移动互联网营销教育平台"美酒学院"已经输出 16 000 名毕业生，从而在人才培养上保证了赋能的传递效果。

三是通过打造与酒店商家的 HOS 系统来激励、引导和控制酒店商家的行为，这是赋能体系的重要控制环节。美团旅行依托 HOS 系统，自主设计研发了一套评价与控制酒店商家的指标体系，分为酒店质量、合作意愿和平台贡献三个维度，细化为商家评级、商家权益申报、商家积分激励、商家违规违约四套系统多项业务指标，从而对酒店商家进行综合性的评估，将平台资源再分配，通过指标的设置和权重的调整，结合相应的激励手段，实现引导商家重视品质和用户体验。

三、差异化的战略方向

在数据与服务体系的基础上，美团旅行切入酒店业市场选择了三四线城市的中小型酒店，这一定位显然把握住了当前中国酒店业的行业特征：一方面由于历史发展阶段和中国区域间差异不平衡等原因，三四线城市的中小酒店经营管理水平普遍不高；另一方面，中国酒店业的连锁化、集团化水平还比较低，到了三四线城市则更加低，大量酒店集团难以深入到这些城市的中小酒店进行垂直深耕。而这些酒店的最大痛点正是市场经营方面的捉襟见肘以及管理方面的粗放低效。美团旅行抓住了这一"痛点"，以互联网和大数据为基础的数字化赋能服务为这些中小酒店提供基础设施工具、思路与方法，让它们自己在日常运营中不断提高，变"授人以鱼"为"授人以渔"。这样的做法显然与携程定位于中高端商旅、途牛定位于中端和团队旅游等形成了差异性。

当然，新物种的成长总会遇到挑战与困难，例如，如何让中小型酒店接受并长期使用从而提供懂酒店"痛点"的贴心服务，如何与连锁酒店集团进行合作从而为酒店集团进行赋能服务，如何提高产品研发能力与迭代速度从而应对巨头的进入和模仿者的快速学习，如何将互联网公司基因与提供赋能服务的基因相融合，都将是美团旅行成长路上的一个个烦恼。

　　总之，在当今这个充满着各种"跨界打劫"的时代，闯入OTA地盘的美团旅行在数字化赋能服务酒店业、改变以往OTA控制酒店渠道资源所形成的"对立"关系方面具有标志性意义。当然，这种尝试才刚刚起步，未来效果如何、未来走向何方仍然充满不确定性，这可能也是新物种的最大魅力所在。

酒店"六小件"的可为与不可为

邓素葭　张　超

内容提要：酒店"六小件"是一个在国内饱受争议的话题，虽然它为消费者带来了诸多便捷，但是它日渐凸显的污染和浪费问题也不容忽视。如何用温和的方式将其改革？如何在保留其便利性的同时做到环境友好？这将是本文所探讨的问题。

一、什么是酒店"六小件"

酒店"六小件"，泛指顾客入住酒店后，酒店一方为顾客提供的一次性免费洗漱用品，包括"一次性牙刷、一次性牙膏、一次性香皂、一次性浴液、一次性拖鞋、一次性梳子"。

20世纪80年代末、90年代初，中国进入一次性消费用品时代，中国各大酒店为顺应广大消费者的需求，陆续推出一次性消费用品，并且"免费提供"。由于一次性消费用品加工制作简易、生产成本低，在上市初期便得到广大消费者和商家的青睐。

二、酒店"六小件"的尴尬处境

按国内的一般性规定，只要"六小件"曾被打开使用过，不管是否用完，第二天都必须再提供全新的用品，旧的应被收走并集中处理。越是高级的酒店，越严格执行这一做法。然而，随着环境压力的加剧和环保理念的传播，酒店"六小件"受到了行业内外的高度关注，从2011年新版《饭店星级的划分与评定》取消了"六小件"客用品配套的硬性要求，便可看出国家取消"六小件"的决心。可是"六小件"真的应该从六变为零吗？消费者能够接受取消"六小件"吗？除了"一刀切"的硬办法，还有哪些更加柔性的整顿方式呢？

三、酒店如何应对"六小件"

1. 从房费中剥离，变免费为收费

酒店可将客房"六小件"的费用以及相应的清理费用从房费中剥离出来，在客人预订或办理入住时，首先询问客人是否需要此类产品，需要则须额外付费。房费的减少可以让顾客直观地体会到自带洗漱用品的好处，在与"收费六小件"的共同作用下将会培养出顾客自带洗漱用品的习惯。同时，房费的减少还能够使酒店在同类酒店中具备一定的价格优势。

布丁酒店从2007年开业至今从不提供免费"六小件"，而是在大堂设立"六小件"自动贩卖机，供顾客有偿购买，这在同类型的经济型酒店中堪称"奇葩"，但酒店的入住率却并未被影响，一直稳定在80%左右，客人于无形之中已然培养了自带洗漱用品的习惯。布丁酒店方面表示，经过一段时间的努力，客人自带洗漱包的比例已经从20%增长至50%。

2. 奖励措施

酒店可将环保变为特色文化，以相应的酒店活动及奖励措施鼓励顾客放弃对"六小件"的依赖，比如开展"自带洗漱用品赠送早餐"、自带洗漱用品可换取酒店积分等活动，这不仅可以帮助酒店减少"六小件"的供应，还能够通过这类特色活动和文化在消费者当中形成黏性。例如，布丁酒店便奖励顾客一切与环保相关的举措，以此在前台换取的积分可以兑换免费房，积分足够高时甚至可换取平板电脑。

3. 打破"六"小件

"六小件"所包含的六样物品并非都为消费者需要。根据健康信念模型，人的行为是心理活动的结果，正常人的一切行为都受到心理意识的控制，因而消费者逐步提升的卫生观念和健康意识使得他们越来越多地选择自带牙具、梳子。同时旅行套装的流行让沐浴露、洗发水也成了旅客出门的必带物品，但是拖鞋这类不易携带的物品仍然是个难题。因此各酒店可以通过在主要顾客群体中的调查，了解顾客的携带习惯以及实际的需求，化"六小件"为"四小件""三小件"，减少或者取消一些不必要的一次性用品。

4. 独家"赚钱"法宝

目前，很多中高端酒店已经转变了传统"六小件"的定位，使其从花钱的项目变成了赚钱的投资。一些这样的酒店通过前期努力，将普通的洗漱用品做成了酒店客房的艺术品，这种艺术品可以是造型艺术品、功效艺术品或是品质艺品。与此同时，酒店方提供购买渠道，通过顾客体验刺激消费，从而挖掘出一定的利润。再者，此类的"六小件"不易造成浪费，多数顾客会选择离店时带走继续使用。例如，诺金酒店的客房内供应的普洱系列洗漱用品，其原材料源自其在云南承包的普洱茶园，以保证其品质，同时酒店内设置了展示柜台，标明了各小件以及客房其他产品的价格供客人选择。

5. 转换环保思路，加强环保宣传

酒店的环保行动不仅可以从取消提供"六小件"方面入手，还能将目光放到"六小件"的生产环节，例如：使用可降解材料所包装的洗漱用品、使用可回收洗涤重复使用的拖鞋、原来的袋装洗浴液改为可加注可重复使用的大瓶包装、香皂改为瓶装的洗手液等。

酒店还可通过官网或者自媒体加强针对出行自带洗漱用品方面的环保宣传。酒店作为服务的提供场所，理应尽到宣传和支持环保的义务。

四、结语

酒店"六小件"问题在行业内外一直备受争议。为了更加和平且有效地处理"六小件"的问题，无论是行业还是酒店经营者都应当从长远出发，明确消费者的实际需求，采取温和的措施，将可行的方面保留，将不可行的方面取消，从而创造一个绿色的消费氛围。

关于酒店行业"客大欺店"的思考：
顾客欺凌的角度

雷 铭

随着中国酒店业的发展，酒店行业已经进入完全竞争市场。为了在激烈的竞争中取胜，服务企业一直遵循"顾客第一""顾客是上帝"的理念，但"顾客不一定总是对的"。酒店员工在与顾客互动过程中，受到来自顾客欺凌的现象日益严重，"客大欺店"屡见不鲜。顾客的欺凌行为成为服务员工压力的重要来源，导致员工负面态度和行为的滋生，造成员工、企业、顾客三输的局面。企业管理者有必要重视顾客欺凌行为造成的消极后果，及时采取相应措施，将可能的不良影响降到最低。

一、顾客欺凌行为影响员工

一线员工作为对客服务的提供者，也是顾客欺凌行为最直接的受害者。在服务交互过程中，员工可能感知到来自顾客"低质量"的人际对待，如酒店、餐饮、航空等服务企业女性员工遭受到的顾客性骚扰、服务员工每日都能接触到的顾客言语冒犯等。尽管这些行为大多数是小事，但是发生频率高、持续时间长，日积月累，会对员工的服务行为和身心健康造成极大影响。

1. 影响员工服务行为

受到顾客欺凌的员工会出现较大的情绪波动，负性情绪引起员工注意力分散、记忆力下降、情绪控制力减弱等，进而增加员工对客服务的差错，降低服务质量，甚至产生故意报复和攻击性行为。例如，火锅店出现的多起泼人事件，就是因为员工没有很好地应对顾客的要求，认为自己"被欺负"了，进而将怨气撒向顾客，造成悲剧。

2. 影响员工身心健康

服务企业一般会将顾客满意度与员工绩效挂钩，尤其是近年来飞速发展的网店,更是将顾客好评当作头等大事。企业要求员工即使遭受欺凌也要保持谦卑的态度,这在一定程度上助长了欺凌行为的滋生。顾客欺凌行为会造成员工产生诸如焦虑、抑郁、创伤等心理问题,长此以往,员工会出现失眠、肠胃问题和身体疲劳等生理问题。员工身心健康受损,势必大大降低服务的质量和工作绩效。

此外,文化对员工面对顾客欺凌行为时的反应有重要影响。东方文化强调服从、忍耐、以和为贵,而西方文化则强调自由、天赋人权和自我满足。因此,面对顾客欺凌行为时,东方文化背景下的员工更倾向于调节自身情绪,而西方文化背景下的员工更倾向于展示自身的真实情绪。在我国的文化氛围下,服务业员工更容易受到顾客欺凌行为的负面影响,产生短期情绪问题、中长期心理问题,乃至长期身体问题。

二、顾客欺凌行为影响企业发展

1. 提高员工离职率,加大企业成本

近年来,服务业员工的离职率居高不下,已成为制约企业发展的瓶颈。据调查,服务业员工平均离职率一直持续在20%~30%,个别企业的离职率高达50%。顾客欺凌行为会给员工带来各种心理和生理伤害,是员工离职的一个重要预测指标。高离职率不仅对员工自身发展有害,也给企业带来巨大损失,增加企业招聘、培训等各方面的成本,同时波及团队整体士气和效能。一旦产生顾客欺凌行为,员工受到严重伤害或者对顾客进行蓄意报复,还会加大企业保险、法律等方面的成本。

2. 降低员工工作满意度

新生代服务业员工非常重视自我感受,顾客欺凌行为带来的强烈负面情绪体验,会严重影响员工对工作的认可度。如果顾客欺凌行为没有得到有效应对,员工没有得到合理的解释,那么即使员工没有离职,其工作满意度也会大打折扣。如今,"没有满意的员工就不可能有满意的顾客"的理念已深入人心,在成长于改革开放时代的"小皇帝""小公主"们成为服务业主力军的环境下,企业管理者必须思考如何有效地应对顾客侵犯行为,提高员工的满意度,进而降低员工离职率,促进企业稳定发展。

三、顾客欺凌影响顾客

1. 引起同属顾客效仿

在"店大欺客"的情形下,消费者受到的伤害很容易引起其他消费者的共鸣。比如，美国联合航空公司将已经登机的乘客强行拖下飞机，引起了全世界人民的广泛讨论，大家一致声讨美联航，担心自己乘坐飞机时也会遭受此等对待。同样，如果"客大欺店"，顾客的欺凌行为也会引起其他同属顾客的效仿。根据著名社会心理学家班杜拉的观察学习理论，个体行为的产生除了条件学习和强化学习之外，还包括观察学习。顾客的行为和服务业员工的应对直接影响同属顾客将来的行为。因此，一旦顾客欺凌行为产生，而服务企业没有很好地应对，未来欺凌行为发生的可能性将大大提高。

2. 降低顾客满意度

在许多服务环境中，其他顾客的欺凌行为会破坏同属顾客的消费体验，降低顾客的满意度。比如，在高星级酒店里出现顾客欺凌行为，会降低同属顾客在酒店的入住体验，同时降低该酒店在顾客心目中的品牌形象。顾客对服务业员工的"低质量"人际对待可能蔓延到该顾客与其他同属顾客的社会交往中。因此，服务企业应该采取恰当的措施应对顾客欺凌行为，营造文明和谐的服务环境，提高顾客的满意度。

四、应对措施

酒店企业普遍存在的顾客欺凌行为引起了员工工作退缩（员工的迟到、缺勤）、职位退缩（离职）和服务质量降低等诸多问题，造成员工、企业、顾客三输的局面。因此，企业管理者有必要采取相应措施减少顾客欺凌行为的发生，降低欺凌行为的严重后果。

1. 提供有限度的优质服务，降低顾客预期

酒店员工有义务在能力和权限范围内为顾客提供尽可能多的优质服务，但是并不一定要满足顾客的所有要求，尤其是对一些无理要求，员工应该在第一时间表明自己的拒绝态度。比如，餐厅顾客希望点菜之后五分钟上菜，有些员工应允顾客五分钟上菜，而实际上无法实现承诺，使得顾客产生失望、气愤等负面情绪，引起可能的顾客欺凌行为。员工可以向顾客解释一般点菜之后十五分钟才能上第一道热菜，但是会催促厨房，争取尽快上菜。同时建议顾客点一些凉菜、快手菜等缩短等候时间，降低顾客欺凌行为的产生。因此，服务企业在为顾客提供服务时，应该量力而行，不做空头承诺，这样反而可以降低顾客欺凌行为的发生，提高顾客的满意度。

2. 及时进行服务补救，浇灭顾客的心头火

服务失误是产生顾客欺凌的重要诱因，"亡羊补牢，为时未晚"，服务补救

要做到及时、诚意、反馈。一是服务失误出现之后，一定要及时进行补救。时间拖得越长，顾客的负面情绪累积越严重，也更难补救到令顾客满意。二是服务补救要有诚意。现代服务企业都有一套服务补救措施，但是有时缺乏诚意。服务补救往往流于表面，口头道歉和实物补偿的效果可能并不好。企业管理者应该授权员工，根据顾客情况采取相应的补救措施。例如，海底捞的一位顾客在带孩子不愿排队等位的时候，服务员工邀请顾客和孩子一起参观后厨，既缓解了顾客的焦虑，又提供了一个展示企业形象的机会。三是要跟踪反馈。服务失误的发生是随机的，企业每天可能遇到很多起类似事件，但是对于顾客来说，可能是很长一段时间内的不美好记忆。因此，企业最好跟踪顾客对服务的反馈，将补救措施落到提高长期顾客满意度上。

3. 企业提供恰当的激励措施

顾客欺凌行为出现之后，企业可以提供恰当的激励措施，降低引起的不良影响。一是采用正向激励，认可员工的付出。比如，一些酒店设立了"最受气员工奖"，正视顾客对员工的欺凌行为，同时认可员工的付出和对此的委屈，并提供一定的物质和精神奖励。二是采取负向激励，降低顾客的欺凌行为。比如，企业针对这部分顾客采取一定的服务限制措施，甚至拒绝提供服务，减少顾客的欺凌行为，也从侧面对企业员工提供了支持。

4. 注重员工心理疏导

顾客欺凌行为对员工健康带来极大的影响，为此，企业必须要采取心理疏导措施。"堵不如疏"，即使企业无法控制顾客的行为，但是可以尽量降低欺凌行为对员工带来的伤害。因此，公司应该制定相应的规章制度，将顾客侵犯行为的员工疏导落到制度和人员上，直面顾客欺凌行为。

对连锁酒店集团采用特许经营模式的几点思考

李 彬 俞 聪

内容摘要：特许经营作为一种重要的轻资产扩张模式，已经成为国内外连锁酒店集团普遍采用的组织形式与商业模式。本文将首先介绍特许经营模式在国内外连锁酒店集团的应用情况，分析国际连锁酒店集团近期在中国开始出现较多特许经营模式的原因，进而对国内连锁酒店集团采用特许经营模式提出一些建议，包括：需要考虑把特许经营上升到企业的战略高度，要针对业主的需求从顶层设计角度关注组织架构变革，打造特许服务体系并根据业主反馈意见注重特许服务质量监控等。

一、特许经营模式的应用情况

下面简单介绍下特许经营模式在国内外连锁酒店集团的应用情况。

第一，特许经营是诸多国际酒店集团成长为世界性大公司的一种重要的扩张战略和商业模式。自20世纪八九十年代开始，特别是2007年开始的世界性金融危机以来，国际酒店集团开始逐步摆脱传统的自有物业的运营模式，向委托管理和特许经营模式转变。特别是伴随着酒店管理市场外部环境的成熟，特许经营模式更成为国际酒店集团全球性扩张的一种重要的轻资产模式。例如截至2016年12月31日，万豪拥有管理店1821家，特许店4006家，而自有租赁及其他只有253家；又如温德姆酒店集团的7645家中，7585家为特许经营店，只有2家自有。

第二，国际酒店集团在我国市场中也逐渐开始采用特许经营模式。尽管国际酒店集团较早采用特许经营模式，但在中国市场上采用特许经营模式则相对较晚且并没有大面积地铺开。温德姆集团是国际酒店集团中在我国首推特许经营模式的酒店集团,例如它旗下的华美达酒店十几年前就在我国采用特许模式。直到近几年国际酒店集团的特许经营模式才开始出现了较大动作,如目前温德姆在中国开业的 85 家华美达酒店都是特许经营模式。又如洲际酒店集团旗下中端品牌智选假日 2017 年开放了特许经营体系,尽管被认为"开放的并不彻底",但仍然显示出在特许经营模式上的倾向。国际酒店集团在我国市场中采用特许经营模式的大多为中低端品牌,少有高端品牌的出现。

国际酒店集团近期之所以在中国市场大量采用特许经营模式,简单来说大致有如下几个原因:一是中国经济增长进入新常态、城镇化加速,房地产市场和酒店市场等也进入了新的竞争阶段。国际酒店集团为了加速扩张,希望通过更加轻资产的模式来全面进入中国市场。二是国内的相关商业、法律、信誉等外部环境也开始逐渐成熟,客观上为特许经营模式的开展提供了良好的外部环境。三是国内的业主方对市场经济、商业逻辑、酒店业发展的理解,以及自身在经营管理方面的素质和能力不断提高,表明业主方也开始逐渐走向成熟。四是业主在委托管理和特许经营两种模式中选择,由于特许经营模式所需要付出的费用要比委托管理的费用略低,而且特许经营模式中的管理自主权、自由支配权更大,当然现在的酒店管理集团所提供的培训、会员体系、品牌支持、工程、筹建等方面的系统支持(system contribution)更为成熟,因此在当前经济环境下更多业主开始倾向于选择特许经营模式。五是国内酒店职业经理人市场也开始成熟,酒店业主和以前相比可以相对容易地招聘到总经理及管理团队。

第三,我国经济型连锁酒店集团较早采用了特许经营模式(也叫加盟模式,但与国外纯特许经营模式也有不同),通过特许经营模式在国内进行了高速扩张。例如,2008 年到 2009 年国内的经济型连锁酒店集团所拥有的加盟店数量几乎都没有超过所拥有的直营店数量,但到了 2011 年以后特别是近几年几乎全部重点采用特许经营模式。截至 2017 年 3 月 31 日,华住开业的 3336 家酒店中,直营店 620 家,管理加盟店 2535 家,特许经营店 181 家。锦江股份开业的 6104 家中,直营店 1095 家,加盟店 5009 家。可见特许经营店(加盟店)比例非常高。从增速来看,如家酒店集团(目前的首旅如家)2007 年特许加盟店占 20%~30%,2011 年达到 48%~54%,2015 年则达到 70%,新开店 85% 以上都是加盟店,到了 2017 年,计划开店的 400 家到 450 家中只有 10% 为直营店(多为中高端品牌),其余均为特许加盟店,其中经济型酒店品牌则保持 95%~98% 的特许经营模式。

为了适应当时的中国市场环境,国内经济型连锁酒店集团对国际酒店集团采用的特许经营模式进行了本土化改造,进行了部分调整,例如会派店长和财务人员组成的管理团队去门店、和业主签订特许合同和管理合同等（被称为"特许加盟店""管理店"等）。这一做法至今仍在使用，当然类似国际酒店集团的纯特许经营模式也开始逐渐出现。

二、连锁酒店集团采用特许经营实践的思考

根据我国酒店业的现状，综合国内外连锁酒店集团的特许经营实践，提出如下几点建议。

1. 需要考虑把特许经营上升到企业的战略高度

从国内外酒店集团的实践来看，特许经营是一种被证明的、成功的模式。国内几家大型连锁酒店集团，目前每家集团的几千家门店所对应的业主群体已经成为一个重要的利益群体，因此必须重视特许经营模式以及对业主的服务和管理，并将其上升到公司的战略高度，才会使得酒店集团适应未来的发展。

从企业理念、企业愿景来看，应当增加"服务业主、实现业主价值"这一理念，在整个公司层面、系统层面能够围绕业主的需求提供专业化的服务。国内某家酒店管理集团在愿景中增加"成为一家特许经营服务商"，凸显了公司对于业主利益的重视。

从商业模式来看，靠收取加盟费的盈利模型固然重要，但在当前互联网环境下，能否有商业模式的创新？例如按照互联网思维，是否可以让加盟费减少甚至免费，而在后续服务中提供增值服务？在当前商业生态系统逐步发达的今天，很多外围服务已经可以外包，酒店公司是否可以专门针对业主的核心需求、个性化需求提供定制化服务？

2. 围绕业主（用户）需求进行组织结构变革，关键是做好顶层设计

管理学大师钱德勒曾提出，战略决定结构，结构追随战略，因此如果把特许经营上升到战略层面，意味着业主将成为具有战略性地位的用户，那么公司内部的组织结构、人员配置、管理系统、业务流程甚至企业文化等，应当向适应特许经营模式转变。然而，这一变革将是具有颠覆性的，因为传统的自有模式和委托管理模式已使酒店管理公司形成固有的心态和模式，如以往在看待业主地位上的心态更加强势，不管是国际著名的酒店管理公司还是国内几家大型的连锁酒店集团曾经都或多或少有这一心态。在这些样的心态上形成的文化、做事风格、决策过程、流程操作等都是首先考虑酒店管理公司利益、再考虑业主方利益，考虑酒店管理公司的利益更多、考虑业主的相对较少。有的甚至和业主产业了大的冲突和矛盾，闹到了打官司的地步。因此，这就需要酒店管理公司在组织层面有一个

较大的变革。例如华美达在拥有三四百家酒店时，公司总部有三分之一的员工负责特许经营服务，每个人对接十几个业主，整个公司的组织架构转变成一个以特许经营服务为主的架构，我国的驿家365酒店集团也逐步转向这种架构。

顶层设计方面，可以成立业主管理委员会，由公司最高层牵头。业主管理委员会下设协调机构，由某位高管负责具体协调工作，定期协调解决特许经营工作中出现的问题。如2016年亚朵酒店集团就成立了特许经营平台，在此之前是以特许经营部作为过渡性部门，考虑到特许经营部作为一个部门，在处理日常特许问题时仍会和其他部门之间产生扯皮、沟通成本高等问题，影响服务效果，因此在条件成熟时成立了特许经营平台。该平台每周召开一次联席会议，将各个部门的负责人召集，专门研究与解决业主的问题，并定期组织业主联谊和沟通活动。

管理系统和业务流程方面，要以业主的需求为起点。除上述强化协调工作外，还要在系统、流程、制度层面加以调整，例如在企业管理信息系统是否有专门针对业主提出问题、解决问题的模块？总部是否有专人对接业主的问题以解决业主在筹建、法务、工程、运营等方面存在的个性化问题？等等。

企业文化方面，要在公司层面树立尊重业主、为业主服务的核心价值观。酒店管理公司发展到一定程度后将会是一个为业主和消费者提供服务的服务运营商，因此要把"始终为业主服务"的企业文化写到企业文化手册中去。同时还要通过管理好业主大会（业主经常自发组织）、日常沟通会等形式来维护好客户关系，并培育公司自己特色的"业主文化"。

3. 构建围绕业主需求的特许服务体系

酒店集团要围绕业主需求构建专业化、定制化的特许服务体系。应在特许合同中的权利义务得到完善的基础上，考虑为业主提供专业的、标准化的服务，例如某酒店管理公司开发了手机终端软件，在该软件上业主可以随时看到门店的经营管理数据、竞争对手经营数据，以及专业的数据分析报告、数据预测报告等。同时，业主也可以考虑定制化服务，提前与酒店管理公司沟通来定制，解决一些个性化的需求。例如，驿家365酒店集团就提出了"FaaS系统"，即"franchising as a service"（特许即服务）。这是借鉴参考了SaaS的思路，将特许经营的服务体系打造成类似软件服务体系。这是互联网环境下的一种创新尝试，也就是打造虚拟的"云端"即基础性的特许服务体系。在业主加盟时，加盟费比以往减少，但在云端下的一些后续服务则提供了定制化和模块化部分，通过套餐组合的形式，让业主提前去选择和定制，从而打造了一个更加灵活但系统化的特许服务体系。

4. 特许服务质量的监控要重视业主的意见反馈

传统酒店管理公司较少考虑特许服务的质量问题，因为存在一个隐含的假设就是只要门店的经营数据好，就说明特许服务的效果就好。然而，如果特许经营的目标是让业主满意，那么就不能仅仅停留在经营绩效上，还要关注整个服务体系、服务接触过程中确保业主的核心诉求得到关照、关键问题得到解决。例如国内某酒店管理集团对外派的店长和总部特许服务人员的KPI考核中都增加了业主的打分一项，还在日常运营中通过各个途径听取业主的意见反馈。

总之，国内外酒店集团都已将特许经营模式视为一种扩张战略、商业模式、组织体系和服务模式而大力推动，相信未来在中国酒店市场中特许经营模式将有更多创新发展。

"标准"的终极意义在于尊严

李朋波

内容摘要："标准"对于组织和人来说，究竟意味着什么？我悟出的答案是，"标准"对组织和人的终极意义在于尊严。国与国、企业与企业、人与人等之间的竞争就是"标准"制定及其执行之间的竞争。想要获得多高的竞争力，就要制定并执行多高的标准；想要获得多么持久的竞争力，就要多么持久地去执行高标准。要赢得尊严，制定高标准并严格地、自觉地、长期地执行它，是唯一持久可靠的法子。

当大家都在回味刚刚过去的2017年时，对国内饭店业而言，却有一种"2017年终于过去了"的感觉。的确，在过去的一年中，饭店业发生了一些颇具"影响力"的危机事件，近一点的有"马桶刷刷杯子"事件，稍远一点的有"五星级酒店不换床单"事件，还有餐饮业中的"海底捞门店卫生"事件等。这些事件在不断吸引社会大众眼球的同时，也引发了整个饭店行业的反思。在这个过程中，一个热门而关键的词就是"标准"。出现这些事件的原因，大抵都可以归结于"标准"本身和"标准"执行不力的问题。

那么，今天在这里，想要探讨的是，"标准"对于制定它或执行它的群体究竟意味着什么？

我本人是建筑学专业出身的，在早先的学习和职业生涯中是一个地地道道的工科男。在学习建筑学和做建筑师的过程中，"标准"是贯穿始终的关键词：工程制图中，配套的文字说明需要严格按照一个字体、一个字号书写；设计某类建筑时，要严格按照与其相关的规范标准；建筑图纸中门、窗、井等空间尺寸必须按照产品或设备标准来设计……在这个行当中，"标准"二字无处不在，尤其是很多建筑设计规范的英文翻译为"Code"，即"法典"，可见"标准"对建筑设计与建筑工程的重要程度。为什么要把"标准"放置到如此重要的位置呢？道理是显而易见的，无非是为了安全、质量和效率。建筑工程其实并不属于高精度的工程类型，换作是汽车制造、精密仪器、电子元件等工程，"标准"就更加重要了。

以上说的是"标准"对于产品这一客观物质对象的重要意义，回到上面提出的问题，那么"标准"对于其制定者或执行者的意义何在呢？或者说它对组织和人意味着什么呢？我悟出的答案是，"标准"对于组织和人的终极意义在于尊严。

一位资历颇深的老教授本可以坐在讲台上给学生们讲课，却一直笔直地站着授课，问他为什么要对自己这么苛刻，因为凭他的资历即便是一直坐着讲课，也不会有学生说什么，甚至会让年纪轻轻的学生们稍感"心理平衡"，他说"是为了对得起自己的职业和身份，为的是自己的尊严"；

德国人用严格的标准生产出了质量最好的汽车，"德系"成为人们心目中安全可靠、值得信赖的品牌代名词，对德国车企及其员工而言，高标准为他们赢得了声誉，用北京话说就是"有面儿"。"面儿"是什么？就是尊严（当然，德国大众也因为尾气检测数据造假事件，丢了不少"面子"和"尊严"）；

当我们的一些产品标准较低和质量较差时，"Made in China"代表的仅仅是价格低廉而绝非质量上乘，现在我们的产品在全球竞争中采用甚至引领最高标准，"中国制造"使我们赢得了声誉和尊严，我们可以自豪地说"某某产品是我们国家制造的"；

以前在建筑设计行业工作时，不同的设计单位往往因为设计水平和图纸质量受到业界的不同评价，执行严格设计流程和标准的设计企业员工常常受到业界同人的点赞，他们也可以自豪地说"我是某某设计院的"，这是什么？是"面子"、是"尊严"。

类似于上面的例子在现实生活中俯拾皆是。可以说，国与国、企业与企业、人与人等之间的竞争就是"标准"制定及其执行之间的竞争。想要获得多高的竞争力，就要制定并执行多高的标准；想要获得多么持久的竞争力，就要多么持久地去执行高标准。要赢得尊严，制定高标准并严格地、自觉地、长期地执行它，是唯一持久可靠的法子。

进一步地，如何靠"标准"来赢得尊严呢？需要的可能不是诸如"努力奋斗"等心血来潮式的口号，而是必须为此付出"代价"，起码包括以下三方面的"代价"。

其一，严苛己身的代价。对己身的严苛来自远高于平均水平和超出常理的高标准，令人折服的组织、群体或个体，往往在坚持做着一些"明明可以轻松一些,却选择吃苦受罪"的事。例如,1985年,青岛海尔公司发现库存中有76台不影响冰箱的制冷功能但外观有划痕的冰箱,在当时的电冰箱市场格局下,这些有划痕的冰箱完全可以上市销售并获得收益,时任厂长的张瑞敏决定将这些冰箱当众砸毁,并提出"有缺陷的产品就是不合格产品"的观点。这正是严苛己身,正是这种看似沉重的"代价"为海尔树立了高质量的品牌形象。

其二,慎独己身的代价。很多企业制定了非常严格的标准,但却仍然很难赢得用户尊重,很多时候其原因在于不能严格地按照标准来做事。实际上,能让用户看到的标准执行情况都是表面的,在看不见的地方、看不见的时候,是否能够执行标准才是最要命的。这个道理正如我的一位学生说的,"就餐环境很有食欲,去趟后厨就完了",后厨为什么要命,因为用户看不见,即便是开放厨房,用户也很难时时刻刻盯着。文章开篇说的"马桶刷刷杯子"事件,正是因为服务人员觉得"没人看到"才敢那么操作,结果是被曝光后这几家企业乃至整个行业都"好没面子"。所以说,标准的执行关键不在面上,而在别人看不见的里子上,有了里子才会有面子、才会长久地有面子。

其三,长期坚守的代价。坚守标准意味着用一些严格的条条框框来约束自己,在想放松的时候得咬着牙不给自己机会,在时间维度上来看,坚守并严格执行标准是最难的事情,正所谓"做一时的好人不难,做一世的好人太难"。对企业而言也是如此,那些能够取得持续成长、基业长青的企业,往往会坚守一些基本规则和标准并将其视为企业最宝贵的"基因";相反,很多出了标准执行方面问题的企业不仅会失去声誉,而且更可怕的是,市场和用户很可能会通盘否定这些企业之前做的一切。

总之,"标准"对组织和人的终极意义在于尊严,那么要靠"标准"来赢得尊严,就要付出"严苛己身""慎独己身""长期坚守"的代价。我想,这个道理对一个人、一个组织、一个行业而言,都是适用的。

问道台湾民宿，助力大陆民宿业态腾飞

——以中国台湾最美民宿"树也ChooArtVilla"为例

张　壮　秦　宇

近年来，伴随着共享经济与大住宿业的深入融合，民宿成为两者孕育出来的宝贵"结晶"。大陆民宿发展过程中出现破坏生态环境、产品同质化严重、营销意识和能力不强等问题，而海峡对岸的台湾作为民宿领域的标杆和旗帜，就其发展历史和成熟度而言，均有十分重要的借鉴意义。本文以中国台湾最美民宿"树也ChooArtVilla"为例，并结合台湾民宿业态的宝贵经验，来更好助力大陆民宿业态的蓬勃发展。

ChooArtVilla取其闽南语"树"的谐音，中文命名为"树也"，建筑于2010年落成，共计耗时四年整，是一家以"树"为名并与"树"共生的知名精品民宿。"树也"位于台湾苗栗三义山，整个民宿是由一栋主屋、一座泳池和晴川、醉月、树泉、初日四间客房构成。据《中国时报》报道：作为"门外汉"的民宿主人李晋豪仅靠四间房就取得了年营收千万元新台币的不菲业绩。并且，"树也"在各类评比活动中也是载誉而归，其中包括2014年网络票选为全台十大顶级民宿之首和2017年获得由世界不动产联盟（FIABCI）颁发的卓越建设奖环境复育类全球首奖，该奖项被喻为建筑界的"奥斯卡"奖。反观大陆的民宿业态，我们能从"树也"的发展历程中取到什么"真经"呢？大致可以从民宿的设计建造、产品服务开发、市场运营三个环节进行分析。

一、设计建造环节

民宿的设计建造环节需要充分尊重地域特色，践行生态环保的理念。设计方面，在满足消费者生活需要和文化审美需求的基础上，融合地域景观和文化特色对室内外进行设计装修，强化功能布局的合理性，打造富有原真性的优质民宿。

"树也"是由著名建筑师苏林立融合民宿主人生态环保的理念，历时四年打造而成，整个设计建造过程充分体现出中国所提倡的工匠精神。整个民宿无论是室外景观打造还是室内装修设计，均是在围绕"树"这个主题做文章，保留了每棵生长在房间内的原生树，呈现出"房中有树，树中有房"的有趣画面。建造过程中，为了减少对周边生态环境的破坏，建筑材料均是由人工搬运到施工现场。并且，四间客房之间均由空桥栈道进行连接，一方面减少对地面植被的影响，另一方面错落有致的空桥栈道使得房屋之间多了股隐秘感，也颇有一番嬉戏于山林之间的乐趣。"树也"以低调谦卑的态度，将整个建筑物与周边环境相融合，讲求与自然共存共生之道，将退让出的土地留给大地的原住民和樟树林，打造出富有地域风情的绿色民宿文化名片。

二、服务开发环节

在民宿产品服务的开发环节，需要注意的是：产品是服务的载体，服务为产品注入生命力，产品与服务相辅相成。民宿主人及其团队应当紧紧围绕消费者选择民宿的三种动机：功能取向（安全、地理位置、交通方便性等）、价值取向（价格、性价比等）、情感取向（本土文化设计、友善氛围等）来打造相关产品和服务，以此来增加消费者的满意度，获得顾客忠诚，提高复购率。

产品方面，"树也"提供的晴川、醉月、树泉、初日四间客房各具特色，极富文化内涵。其中，晴川是离大厅最近的房间，房间内依稀可听见潺潺流水声；而醉月则在床上方开了一扇观景窗，让旅客躺在床上即可陶醉于迷蒙月光；树泉是"树也"的代表作，让整棵樟树在房里与旅客共枕眠；初日的命名则源于坐向关系，因为它是整个民宿中最先迎接朝阳的房间，采光效果极佳。另外，"树也"所提供的米其林级别的地道客家菜和法式大餐也成为整个民宿的重要加分卖点，全职厨师为游客烹饪出一道道美味佳肴，游客可以坐在餐厅通过透明玻璃看到厨师整个烹饪过程，还能够与厨师零距离接触交流。从房间设施设备的配置来看，也充分反映出民宿主人是一个极其热爱生活的细心之人，BVLGARI的沐浴用品、Panasonic的吹风机、胶囊咖啡等，连一个房间钥匙都设计得如此有情调。

服务方面，民宿主人和整个管家团队从入住前、中、后三个环节为住店客人提供有人情味的服务。"树也"为每间客房配置一名专属管家，这些风趣幽默的管家为远道而来的游客提供专业化的极致入住体验。例如，在客人快要到达"树也"前，管家便会跑出民宿笑脸相迎。入住中会在不影响客人私密性的前提下与客人热情交谈，并为客人分忧解难、制造惊喜。离开"树也"时，你还可能会收到管家精心奉上的小盆栽或带"树也"Logo 的定制餐具等纪念品，给住店客人留下一段极其珍贵的美好回忆。民宿主人是整个民宿的灵魂，想要"俘获"游客芳心就要用富有人情味的专业化服务为住店客人营造出"家外之家"的氛围。

三、市场运营环节

民宿市场运营环节主要围绕品牌的营销活动展开，借助于多元化营销渠道和特色化体验项目，搭建点对点的营销模式。经营风格上，房东应当在充分整合地域资源的基础之上，打造出一系列富有地域文化特色的场景式活动，为广大消费者提供一个拥抱地域风情的体验式平台。通过"视、听、嗅、味、触"五觉和"参与感、体验感"两感，深化消费者的品牌认知，为消费者留下一段历久弥新的美好回忆。在市场运营的过程中，"树也"颇具国画风韵的精美官网页面为每一个潜在用户提供舒适便捷的预订途径，并积极联合其他预订平台来拓展营销渠道。另外，"树也"也会定期或不定期推出一系列线上、线下活动，有针对性地吸引目标消费人群，并在淡季时为那些钟情于"树也"但感觉价格太高的消费者提供限时优惠券，在一定程度上拓展了品牌知名度。最近还推出了一个名为"一场初秋的野花宴"的线下活动，邀请台湾著名花艺师凌宗湧与大家一起讨论台湾最原始秋天的颜色。市场运营过程中，个体的力量终究是有限的，"价格战"也是两败俱伤的营销手段，想要获得可持续性的发展就需要充分整合调动民宿产业链的相关资源，并积极与竞争对手展开适度合作，组建一个全产业联盟，借助政府和媒体的力量做好民宿的品牌宣传营销工作，在做大蛋糕的前提下，分好蛋糕，最终实现整个利益共同体的互利共赢。

四、结束语

民宿在其开发运营过程中需要注意的是：无论建筑外观多么富丽堂皇，设施设备多么齐全完备，营销手段多么技艺超群，如果缺少了民宿的灵魂——有温情的民宿主人和服务团队，民宿也终究不过是一副外表好看、内心冰冷的躯壳。以台湾地区民宿为师，大陆在发展其民宿业态的过程中，应当在综合考量旅游目的地自身资源和能力以及周边环境状况的基础之上，因地制宜地取其精华弃其糟粕，更好地推动大陆民宿业态的健康可持续发展，助力美丽乡村建设。

从虹夕诺雅看中国酒店文化传承

姜姗姗　秦　宇

　　酒店行业作为服务业的一环，是展示国家文化和国民素质的窗口。近年来，升级转型的酒店融入文化元素，形成"泛主题"的"酒店+文化"模式。这些酒店在发展过程中出现产品定位不清、客源市场不明、文化内涵不足等问题，不利于我国酒店对传统文化的传承和长远发展。在对日本酒店的分析中，我们发现日本的传统旅馆有很多地方值得我们学习。本文选取日本虹夕诺雅酒店，分析它在运营管理中对日本传统文化的传承，为中国酒店的文化传承提供借鉴蓝本。

　　星野集团的目标定位为"成为度假村经营的高手"，注重与当地自然环境和文化相协调。在日本，涵盖三个品牌，即"虹夕诺雅"、日式旅馆品牌"界"以及时尚度假村"Risonare"。虹夕诺雅是日本奢华度假酒店品牌，以"Authentic Japan With Modern Comfort"为理念，目前已有6家开业。无论在山林还是在岛屿，虹夕诺雅旨在向宾客提供极致地道的度假体验，凭借卓越的日式服务向世界展示日本。

表1　星野集团虹夕诺雅品牌酒店信息一览表

名称	开业时间	地点	特色
虹夕诺雅轻井泽	2005年	轻井泽	江户时代的日工庭院
虹夕诺雅京都	2009年	岚山	古代贵族的优雅奢华庭园
虹夕诺雅冲绳	2012年	竹富岛	琉球自然文化
虹夕诺雅富士	2015年	富士	时尚豪华的丘陵露营
虹夕诺雅东京	2015年	东京	都市隐居酒店
虹夕诺雅巴厘岛	2017年	印度尼西亚	日式与巴厘岛传统文化联姻

　　在酒店现代发展过程中，虹夕诺雅珍视日本传统文化，保持传统日式风格，

并将其生动地体现在细节上。那么，虹夕诺雅对日本文化的传承可以为中国酒店业的文化继承和发展提供哪些借鉴经验呢？大致可以从硬件设施和软件服务这两个方面来考虑。

一、硬件设施

1. 酒店选址

秉承隐居哲学的理念，虹夕诺雅在选址上颇为考究。虹夕诺雅大多依托于秀丽的风景胜地，虹夕诺雅东京是第一家居于都市的酒店，采用隐居闹市的设计，别出心裁地从进入酒店的道路和门前庭院来构建巧思。酒店外观建筑结合江户小纹图案元素，构成金属外墙，这一设计既巧妙地隔绝都市的车水马龙，又营造出江户时代的风雅韵致，打造一个传统的"塔之日本旅馆"。酒店门前不设车道，用写意手法构建一个充满自然情趣的枯山水庭院，让宾客从步入酒店的道路开始，恍若进入世外桃源，从心理上抛却牢笼与禁锢，开始隐居之旅。

2. 建筑风格

虹夕诺雅的建筑以"和风"为魂，以"日式禅意"为骨，巧妙突出自然美景。在历史悠久的京都，每一个细节都旨在刻画传统建筑风格，营造千年古城的贵族风范。冲绳店以竹富岛传统村落为蓝图，从琉球样式的民居汲取灵感，整座度假村以原始村落面貌呈现，展现琉球建筑文化。巴厘岛店将简洁的日式禅宗文化和巴厘岛民族风格相融合，古老村落样式的度假村沿运河散落布局。这些实体建筑虽形态各异，风格多变，不拘泥于传统的建筑格局，但都巧妙地借助当地的山行地势，展开建筑设计，并与当地文化相融合。

图片来源：星野集团官网

3. 家居装饰

在家居装饰上，虹夕诺雅秉承"和室再发现"的总体构思，开创纯粹质朴的日式居停美学。在家居装饰上，去掉与都市生活藕断丝连的家居设备，如电视、闹钟等，大量不着痕迹地运用传统工艺品，重现日式精致。卧室的壁纸采用独一无二的"京唐纸"，向宾客展现由传统花纹、手工艺造就的不均匀感所体现出的传统日本美，展现这一濒临失传的非物质文化遗产。在家具选择上选用自然材质，如木制榻榻米、藤条沙发、竹制衣柜等，让宾客在充满日式风情的氛围中感受自然的气息。此外，灯具、器物等这些小摆件都颇具和风，于细节处将日式美学展现得恰到好处。

图片来源：星野集团官网

二、软件服务

1. 日式服务

"欢迎仪式""待客礼仪""送客仪式"，将周到精致的日式服务贯穿于整个入住环节。在京都岚山店，宾客需由水路进入酒店。每当有新宾客入住时，酒店服务人员击缶相迎，让宾客感受虹夕诺雅的仪式感和尊重感，伴着古老的乐器，开启日本传统文化体验之旅。在东京店，有"脱鞋回家"的温馨仪式。在服务员的指引下，进入酒店脱下鞋子，解除束缚，用双脚仔细丈量木质榻榻米的温润和舒适，享受一场独特的日式文化体验。入住期间，除了能感受到传统热情周到的日式服务外，虹夕诺雅从细节入手，从宾客的实际需求出发，挖掘意料之外的体贴服务，于无声处感动宾客。在离店时，宾客还可以体验到恋恋不舍的"送客服务"，客人离开很远之后，服务人员还在招手目送，并不时鞠躬行礼。

2. 传统文化

用"宿泊分离"的新政给予度假者自主权，归还度假的逍遥感和自在感。虹夕诺雅酒店提供日式传统料理，且配备简朴平易的茶社，每天下午的迎宾茶时间，宾客可以品尝到煎茶、抹茶等味道各异的茶种，欣赏程序繁复且考究的日本传统茶道。这里还开创"冥想温泉"的理念，赋予泡温泉神圣感和仪式感。在日本，温泉文化是传统文化的一个重要构成元素，虹夕诺雅在继承这一文化的同时，开创"冥想温泉"的理念，用明暗光线对比，创造冥想的意境。露天温泉借助四季自然美景，营造赏心悦目的泡汤环境。此外，融合禅宗的日式 SPA 服务和植物精油给予宾客舒适感和愉悦感。

3. 特色体验

将日式传统文化体验和当地特色活动相结合，打造既独具神韵又一脉相承的文化体验活动。在以"自然"为理念开发的轻井泽店，住店宾客可以参与野外活动中心 Picchio 提供的生态旅游活动，在服务员的带领下参加观鸟活动或者在野鸟保护森林里随意漫步。服务人员都接受过长时间的培训，熟悉与自然相关的鸟类、植物等知识，会向宾客讲解和普及生态环境保护知识。在竹富岛冲绳店，可乘坐当地传统水牛车进入酒店或环岛巡游，参加原住民的节庆活动，参与当地特色的织布、小陶偶等手工艺品制作，让宾客体验琉球的自然文化遗产。

4. 环保理念

追求与自然共生，将环保理念融入酒店设计建造环节中。在山间水居轻井泽店，77 间客房都呈现出与大自然共生的理念。度假村采用特殊的通风系统和地热资源系统设计，不需要空调和地暖设备，借助自然界的水和风来调节客房内的温度，在炎热的夏季保证房间清爽，在寒冷的冬季保证房间温暖。利用水力发电和温泉排热的能量，实现 75% 的能源自给率。垃圾分类细化到接近 30 种，并进行回收再利用，度假村给周边环境带来的压力和负荷几乎为零。此外，森林向导环保组织 Picchio 积极参与当地的野生动植物保护活动，向宾客讲解传递与自然共生的精神。

三、对中国的启示

虹夕诺雅回归初心，借助禅宗度假哲学和精致温馨的细节来向宾客展现最正宗的日本文化，向宾客展现日本优秀的一面。这为中国酒店的文化传承提供发展思路，可以考虑从以下几个方面来着手。

1. 打造"新中式"建筑风格。中国的传统建筑和民居各具特色，比如中轴对称的四合院、黛瓦白墙的徽派院落、含蓄婉约的园林风格。酒店在建造设计中，可从中汲取精髓，融入"新中式"美学，采用传统建筑样式或融入当地民居风格，传承中国传统建筑精髓。

2. 创新传统菜品。中国的饮食文化在漫长的发展过程中，形成了八大菜系和地方菜系，这些不同的菜系派别品类多样，各有所长。酒店在餐饮经营中，可结合八大菜系和地方特色饮食文化，融入现代健康养生理念，开创"叫好又叫座"的招牌菜品。

3. 融入中式服务礼仪。中国享有"礼仪之邦"的美誉，拥有厚重的文化底蕴，孕育出待人接物和社交活动的各类礼节。中国酒店在发展过程中可汲取传统礼节精华，打造"有风度又不失温度"的中式待客礼仪。

4. 开发主题文化活动。在历史演化中，中国形成了一系列祭祀、集会等节庆活动，派生出一整套的节庆文化和相关礼节，如清明祭祖、中秋节赏月等；各少数民族还有自己的特色节庆活动，如傣族的泼水节、蒙古族的那达慕大会等。可以从这些传统节庆活动中开发特色文化体验活动和项目，打造个性化的服务体验。

在轻井泽店，每天晚上服务员都会划船去点莲花灯，一年365天无一例外。可能有人会觉得很麻烦，但这就是虹夕诺雅的工匠精神，将每一件细小的事情，都做到极致。而这一点，也正是目前中国社会所缺乏的。酒店在文化传承中要打磨工匠精神，将这些细节做到实处，精益求精。虹夕诺雅的运营与管理，为中国酒店文化传承与发展提供经验和蓝本。也希望中国酒店在发展中探索出本土化的文化传承发展路径，增加酒店自身的文化底蕴，增强酒店人的文化自信。

隐逸之美：打造度假酒店的零帕空间

胡泽扬　张　超

酒店作为相对独立的流动空间，正日渐成为满足人们美好生活需要的重要载体，进而担负着超越于住宿功能本身的诸多职能。世事纷扰，大多数人达不到"大隐于市"的境界，只能去追求"小隐于野"的空间，度假酒店由此成为人们解压减压，促进身心以及社会适应能力全面提升的重要场所之一。

然而，"明月松间照，清泉石上流"的静谧并不是随处可见，更不能唾手可得，如何打造一个清空压力、补足动力的宜居之地，是度假酒店开发者与管理者普遍关心的问题。隐居酒店集团以充满匠心的建筑为基础，以精益求精的设计与服务为脉络，为现代都市人群提供了一个精神放松、身体充电和有效社交的流动场所，与"零帕空间"的理念不谋而合。帕（Pa），是压力的衡量单位，零帕空间则表示没有压力、放松精神的零压力空间。隐居旗下拥有隐居、乡宿、小隐、雅活馆、食隐等多个子品牌，拥有超过4万人的忠实"悦隐族"会员，曾获"中国最佳设计精品酒店""中国最受欢迎小型精品度假酒店"等诸多奖项。

为探究隐居酒店集团获得良好口碑的关键原因，我们在携程、飞猪、隐居酒店官网搜索得到相关顾客评论共962条，进行词频统计的结果如图1所示。顾客评论中提到较多的词汇为服务、感觉、体验、

图1　隐居酒店在线评论词云（部分词汇）

设计、装修、特色和风格等,隐居酒店集团正是从这些方面让顾客感受到了零帕空间的隐逸之美。

一、形神俱佳的建筑之美

隐居酒店选址于清雅宁静之地,外部建筑设计力求融入周围环境,"隐"于其中,通过营造自然、舒适、和谐的氛围,让客人放松精神,真实地感受住宿之美。隐居酒店的外部设施如建筑外观、标志景观、道路铺装、植物绿化、艺术照明、水体设计,都充分运用了场景化元素。

位于浙江龙泉的隐居酒店对于这一特点有生动的体现。浙江龙泉享有"中国特色竹乡"的美誉,酒店就地取材,夯土墙、垒石头、搭建竹制墙体、编织竹制器具,在群山和竹林中营造出了清新自然的酒店外部形象。竹乡龙泉又以青瓷闻名,隐居建筑遂取瓷瓶之形,并以竹子做出细密的纹理。隐居龙泉建筑通过外立面的竹元素设计、接地气的天然材料,设计出了建筑整体布局上的意境之美与细节之处的精致之美,使建筑风格与外在环境达成了统一,体现了本土化的建筑美学。如此绝佳的住宿环境,想必足以俘获几颗疲惫的心灵。

图2 隐居龙泉

图片来源:携程网酒店展示图片

二、情景相生的空间之美

隐居酒店紧扣环境特点,通过主题化设计来强化用户体验,创设情境,以景生情。隐居桃源酒店是一所由桃文化博物馆改造升级而成的多维度馆藏度假酒店，以"逍遥"为主题。其整体布局根据《桃花源记》的基调进行设计，采用篱笆等元素，通过淳朴的大地色、独立的景观阳台打造被桃花围绕的乡村田野场景。酒店房间也都以与桃有关的古典诗词命名，如"宿雨"，取自王维《田园乐》中"桃红复含宿雨，柳绿更带朝烟"。在公共空间，高低错落的桃花灯、粗瓷瓶里的桃花枝丫以及墙壁上的粉色桃图案，无一不在强调桃元素的主题风格。桃源因陶渊明的一篇传世佳作与"逍遥""隐居"有了隐秘的联系，隐居桃源对二者进行了完美的结合，将逍遥的元素付诸有形空间中，使客人由此景生此情，放宽心境逍遥度日。

此外，隐居桃源依据"逍遥"的主题对住宿功能进行了优化。整体建筑分为东西两苑，东苑为"隐"，建有桃文化博物馆、隐居雅活馆、悦隐堂、隐居书房、"逍遥植梦"等，利用各种活动将逍遥转化为一种生活方式，客人可以在悦隐堂体验中医养生调理、在隐居书房抄写经书。西苑为"居"，将江南庭院和"隐仕"文化结合，只对入住客人开放，保证了相对私密的空间，为客人提供逍遥的居住环境。隐居桃源通过空间的分离和情境的设立优化了住宿设施，让顾客暂时摆脱尘世的烦恼，体验可以被实践的逍遥时光。

图3　隐居桃源

图片来源：隐居官网达人报告

三、精妙考究的雅居之美

隐居酒店精心搭建美学空间，意在为客人提供品味美、守护美、传播美的社交时空居所。酒店雅活馆邀请和发掘手工作者、设计师,精选手作产品和创意生活用品呈现给顾客,以期通过生活方式的改变而提升生命质感。

汤卿谋《闲馀笔话》中有:"养德宜操琴,练智宜弹棋。遣情宜赋诗,辅气宜酌酒。解事宜读史,得意宜临书。静坐宜焚香,醒睡宜嚼茗。体物宜展画,适境宜按歌",可见生活中的闲情雅趣多有实物载体。雅活馆将清新的茶、古朴的香、透光的陶瓷、朴素的餐具、带有时代印记的桌椅、名人画作等蔓延到酒店的居住空间,既展示出其美学价值又兼具使用价值,实现了审美与功能需求的统一。此外,雅活小铺还提供手作贩卖,出售餐具、茶具、家居用品、人文艺术品和一些地方特色产品,将酒店产品延伸于客人的日常生活,实现酒店与家庭场景的自然转换。隐居致力于将艺术与生活完美地融合,让客人在居住中收获风景与艺术的精神享受。

图4 隐居画乡

图片来源:隐居官网达人报告

四、以人为本的灵性之美

隐居世界里最重要的元素是人,贴心的管家服务与定制的活动安排是隐居酒店的灵魂。"隐管家"24小时在岗,适时为客人送上水果、甜汤等食物,入住和退房都由管家代劳,客人还可以通过微信与管家进行互动。为全方位满足客人的衣食住行审美需求,隐居酒店集团的四个生活方式品牌:食隐、悦隐堂、雅活馆、隐居度假,分别聚焦饮食、养生理疗、雅物美器、深度人文定制游,开展"雅活当下""茶遇""绽放""礼至""有暗香盈室"等有关茶、东方服饰、文创礼品、香等的文化主题活动，丰富客人的内心活动与精神世界。

隐居在居住环境、生活用品中植入文化元素，通过住、赏、调、娱、养等环节，为顾客打造了居住体验的点滴细节，并辅以物质和人文的双重关怀，增进了客人与酒店之间的情感联系，向客人展示出了酒店的灵性之美。

五、启示

随着酒店业的消费升级，酒店不再只提供单一的住宿功能，而是升级为与产品、市场、服务环境有机融合的生活方式空间。度假酒店的零帕空间是由外部环境到内部设施、由产品功能到人际交流、由物质层面到精神层面的一体化过程。

第一，选址精挑细选，设计遵循自然，文化尊重地缘，注重酒店外部设施与周围自然人文环境的高度统一，为客人营造舒适、和谐、自然的宜居空间。酒店外部设施的设计既是内部空间的延伸，又能影响人们的服务活动。因此精品酒店选址及建造要注重周围的自然环境和人文环境，选择符合酒店形象的地域，巧妙利用当地建筑元素，尽可能地与当地自然人文等特点紧密结合，充分保持建筑特色，并使新增建筑与原有环境相契合。打造贴近自然、轻松舒适的整体建筑氛围，从而使客人快速接受、融入当地的自然人文环境。

第二，赋予酒店主题，并围绕主题对酒店内部布局及功能进行设计，构建功能与美感并重的酒店空间。在酒店空间主题化的过程中，要强调由"景"到"情"的设计，以客人的情感需求为导向，以酒店空间为媒介，传达酒店所要体现出来的精神。每一个空间和场所，都有它自身的环境特性，它可以通过物质道具表达出来，而不仅仅是一种抽象的概念。因此需要对建筑内部设计如空间布局、家具摆设、界面装饰、景观设置、功能分区等进行组合，通过对整体空间的塑造和氛围的营造，建立起场景精神与空间美学，为客人创造独特的住宿体验。

第三，构建生活美学观，通过各种道具为客人提供有品质的生活体验。在物质与精神消费水平同步提升的时代，体验感在人们的生活中逐渐占据了重要地位。酒店作为人们生活中的重要活动空间，不应该是呆板无趣的，而应该呈现出独特的生活理念，引领客人发现、享受生活的美好。酒店可以通过器物的摆放、装饰品的选用等，使客人充分了解美好的生活理念，在实现其使用功能的基础上满足客人的审美、情感需求，使功能价值、审美价值与情感价值相结合。酒店应对使用的人工制品进行深度和广度的文化加工，开发既带有美学特质又满足人们的使用需求的产品，让酒店的生活之美"有物可依"。

第四，关注"人"的因素，酒店住宿不只涵盖静态的建筑和物品，更应融入人与人之间的互动。酒店的种种优秀理念需要靠一线员工的服务来表达，优秀的服务和管理团队是准确表达酒店文化的关键所在，大力培养契合自身文化内涵的运营团队至关重要。此外，客人也是酒店住宿体验的重要一环。酒店需仔细斟酌客人在酒店体验中所处的位置和发挥的作用，满足客人的潜在需求，在物质之外提供有温度的人文关怀。如通过主题活动加深客人与酒店的互动，在实现情感价值的同时还可以营造更浓厚的人文氛围，加深客人对酒店的认同度。

隐居，也是一种生活方式。古人"隐居以求其志"，今人则更看重零帕空间的隐逸之美。度假酒店应该成为现代人累了倦了歇歇脚的闲逸之地，在这少有清净的方寸之间播种和收获美好，充满电再出发。"松花酿酒，春水煎茶"是快活，"此时归去，来日复还"是人生。

从"无人酒店"看酒店业的数据化赋能

李　彬

内容摘要：近期"无人酒店"的出现引起行业内外的广泛关注，而"无人酒店"背后的人工智能等技术的基础则是数据，对数据的获取、积累、挖掘和利用是互联网科技公司改造甚至颠覆很多传统行业的"法宝"。本文通过回顾互联网科技公司进入酒店行业的几个不同阶段的特征，分析其对酒店顾客住前数据和住后数据的掌控，将重点分析"无人酒店"的出现会使得互联网科技公司掌控顾客住中数据，进而对酒店业产生更为深远影响，最后对酒店业如何进行数据化赋能提出了一些建议。

"无人酒店"在日本早已出现，但最近阿里推出的"无人酒店"则又在酒店业内掀起波澜。其实，阿里早在几年前就描绘了"未来酒店"，并依托"信用住"初步在支付方面进行了尝试。而此次推出的无人酒店据说将人工智能、物联网、大数据等最先进技术进行了应用，加上"无人"的噱头，着实吸引眼球。

此次"无人酒店"最为亮眼的科技就是人工智能，而人工智能的基础则是背后的数据，对数据的获取、积累、挖掘和利用是互联网科技公司改造甚至颠覆很多传统行业的"法宝"。回顾互联网科技公司与酒店业爱恨交织的历史，围绕酒店业数据的争夺大战一直在继续。

早期阶段，伴随着互联网的普及，互联网科技公司通过互联网电子商务平台构建的预订平台，获取到了酒店顾客的住前数据、交易数据，在流量达到一定规模形成所谓大数据后，就开始针对数据进行一系列价值挖掘活动，如各类旅游者的画像、预订行为和交易行为的分析报告、各类旅游市场的分析报告。顾客入住酒店的住前数据反映了对酒店的需求现状，OTA等互联网公司近二十年的积累已经牢牢掌控了这一"阵地"，甚至某OTA可以依靠这些大数据实时形成的"热点图"来"简单粗暴"地判断哪些地点适合建酒店、建什么样的酒店，从而实现酒店的"精准选址"。

中期阶段，伴随着移动互联网的出现和普及，互联网科技公司发现大量顾客在入住酒店后在手机端进行点评，形成了海量的"住后数据"。它们通过资本进行控股或收购一些大数据挖掘公司，以及通过自身强大的数据挖掘能力对顾客的住后数据进行了挖掘，诸如推出一系列酒店业发展分析报告、酒店品牌排名，甚至针对某个区域、某家酒店的服务质量、运营管理、收益管理等进行"精准咨询"，提供有针对性的分析报告。

事实上，这些互联网科技公司已经对住前、住后的数据拥有了很强的掌控权，尽管存在"赋能""跨界融合""咨询""辅导"等说法或形式，但客观上都是通过这些形式试图渗透到酒店的经营管理环节，在酒店的价值链前段和后端进行价值的占有，使得酒店在价值链上的利润空间越来越萎缩，酒店对住前和住后数据的掌控力也越来越小。

到了最新阶段，互联网科技公司开始自己"做酒店"，通过内部创业形式孵化酒店管理团队和酒店品牌，通过资本形式进行控股、收购酒店管理公司，与著名酒店集团联合开发酒店品牌，甚至亲自设计"无人酒店"。

互联网技术公司为什么要亲自"做酒店"？试想如果阿里第一家"无人酒店"经营效果还不错，那么可能要比普通的连锁酒店更加容易复制，从而会更加快速地扩张，无人酒店的"无人管理"模式以及"无人"技术应用会快速输出到传统的酒店。在"鸟枪换炮"和所谓"赋能"的背后，互联网科技公司更为长远的考虑可能还是数据。通过自己做的酒店，互联网科技公司将重点放在入住酒店的顾客的"住中"数据。这也是继争夺住前和住后数据之后，又一个重要数据来源。事实上，顾客在酒店入住期间的数据一直是个"黑箱"，无论是互联网科技公司还是酒店业都没有充分打开。而在"无人酒店"中，顾客每次和机器人的服务接触，每次人机交互的情境、过程、结果等，都会产生大量顾客的行为数据，如顾客每一次的人脸识别、顾客在房间对"天猫精灵"的每个命令和每次对话、顾客每次个性化要求和投诉等。传统中顾客在酒店的住中数据很多都会作为隐性知识储存在资深服务员的"大脑中"，因此富有经验的人力资源更为有价值，然而，当机器形成的大数据让隐性知识不再隐性后，顾客在酒店内部的行为所产生的这一"黑箱"逐渐可能被打开，数据资源则同样具有价值，对数据天然敏感的技术公司们当然希望抓住这一机会。

那么，掌控了这些住中数据又会怎样呢？很可能意味着互联网科技公司将掌握顾客在酒店入住的全过程数据。在数据掌控这个方面，酒店将丧失话语权。可以再进一步大胆预测一下，在未来某个阶段，大量的酒店很可能会沦为互联网科技公司的"富士康"。特别是在当前中国酒店业的产业结构下，占比81%的大量中小单体酒店（档次在三星级及以下）在未来可能会更加失去话语权（注：数据引自上海盈蝶咨询公司与北京第二外国语学院酒店管理学院联合发布的《2018年中国大住宿业发展报告》）。失去了对数据资源的管理能力，等于把最宝贵的资源拱手相让，也就很难再有本应依托在这些数据背后的自主创新能力，以及在渠道、品牌、营销、收益等多方面的自主能力。

基于上述分析，本文认为，酒店业全行业要意识到数据资源的重要性，提升对数据资源的管理能力，特别是要改变对数据在认识上的"偏见"——"数据分析那是互联网科技公司的专长，我们只要与它们合作或外包给它们即可"。其实，数据是互联网科技公司最重要的资源，对数据的获取、分析与利用也是互联网科技公司的重要竞争力来源，但作为传统服务业的酒店企业，核心竞争力其实还是产品和服务，数据和数据化只是提升酒店产品和服务的一个加速器。酒店（集团）完全可以积累、分析和利用顾客入住产生的数据，利用这些数据使得自身的服务、经营和管理建立在"数据化"基础之上，形成升级版的服务、经营和管理模式，从而将数据转化为自身的知识、能力和智慧，实现数据化赋能。

1. 酒店要形成自身独有的数据库

酒店要围绕自己的会员和用户，建立有针对性和独有性的数据库，既要建立"大数据"（即尽可能多地考虑顾客各方面信息），也要考虑"厚数据"（即要考虑长时段，包括顾客深层次情感、心理活动、体验故事等方面的数据）。特别是顾客在入住期间的各种个性化需求、特殊问题以及由此形成的解决方案，都是酒店非常重要的资源。酒店应当将这些数据持续地导入自身的管理信息系统，或者即使是一张简单的 EXCEL 表，当积累到一定时间、一定数量后，也会产生独特价值。亚朵酒店集团启动的 A PLUS 计划，就是意识到几年积累下来的多方面数据具有独特性，包括每个会员涉及的床品的种类、饮品的数量、夜宵的口味、特殊的要求、遇到的服务问题和解决方法等。进而通过"数据清洗—数据标签—数据应用"的一整套数据处理机制，为其个性化服务体系提供坚实的数据化基础。理想状态下，一个用户在亚朵的各种需求，可以由数据驱动的人工智能进行预判，在前端为用户提供建议，同时在后端调动员工、商品，用户在不想被打扰的时候完全看不到服务人员，而当他的需求产生时，所有的东西却都已经为他准备好。可见，酒店数据化赋能的基础就是要建立起为自己量身定做的数据库。

2. 酒店的数据要与日常的业务相结合，不断"用起来"，才会"活起来"

不管是用一张简单的 EXCEL 表格建立的数据库，还是酒店信息系统里"客史档案"的数据库，只有在每天日常的运营管理中利用起来，数据才能成为资源。例如日本的一家高端西餐馆，每天下午三点，总经理都会召开例会，对晚上来用餐的老顾客的档案数据进行回顾以及对此次来用餐的目的、要求等进行确认，对新顾客的预订数据进行分析，对前一周的数据和数据反映出的问题进行复盘。由此，数据只有"用起来"，才会"活起来"，才会逐步提升酒店的数据分析能力和应用能力，以及数据与业务紧密结合的能力。

3. 酒店要建立数据网络治理体系，强化数据化赋能

新科技时代下酒店需要构建全方位的数据网络治理体系，通过数据化赋能使服务、运营管理水平跃迁到新的层级。由此，酒店既要通过自主创新牢牢把握住顾客在酒店入住期间的数据，还要借力互联网科技公司对顾客住前和住后数据的分析方法、分析结果；既要对现有的各类数据的存量进行开发、编排和迭代，也要考虑对新增加的数据进行筛选和整理；既要考虑酒店里的"大数据"，还要考虑"厚数据"；既要考虑技术、机器产生的数据，还要考虑人的经验形成的隐性知识；既要考虑酒店管理者对数据的分析和应用，也要考虑基层员工的关联，让数据的搜集、分析与利用在全集团、全公司形成"分布式结构"，形成广泛的数据网络。总之，当形成了"人+机"共享共治的数据网络治理体系，数据的搜集、分析和应用成了一种公司惯例，酒店就会实现真正的数据化赋能。

综上，"无人酒店"背后是人工智能等新兴科技的探索应用。其中，"人工"对应的是机器、机械，"智能"对应的是智慧。人工智能应该理解为机器、数据基础上的智能，而不是反过来的"智能人工"的含义。酒店作为服务企业，提供给顾客的最大价值还是顾客入住的美好体验。这时候，不管是人机服务，还是人人服务，情感表达和智慧决策才是服务的核心，但要想实现这一更高层次的智慧型服务，依托新兴科技所实施的数据化赋能是一个重要的实施途径。

从OYO的快速扩张看酒店市场下沉趋势与应对策略

李　彬　衷　佳

一、OYO 的快速扩张

2018年以来，酒店业中的话题性企业之一无疑是OYO酒店。这一酒店业中的"黑马"在2018年一年时间内，就实现了遍布全中国290多个城市（多为三四线城市）、在中国的酒店数量增加到6700多家。这家来自印度的新兴酒店公司似乎在中国酒店业中掀起一场久违的具有颠覆性创新特征的"旋风"。之前最近一次在"规模意义上"的这种现象级企业的出现，还是如家、7天、汉庭等经济型连锁酒店集团的"集体亮相"。

应当说，OYO酒店高速扩张的成功与其灵活多样的单体酒店合作模式、较为精细化的运营管理、互联网平台公司的"基因"以及来自"洋品牌"的独特消费者心理认知等有较大关系。但更主要的是，它抓住了中国酒店业发展中大好的"时空"机会。"时间"机会指的是发展阶段。中国酒店业已开始进入发展相对较为成熟的阶段，例如消费市场上顾客在酒店产品与服务、品牌特色和品质要求等方面已经受到了多年的"教育"；要素市场上，酒店管理人才队伍的规模、投资酒店的资金来源与规模以及酒店物业的规模等也已经具有相当规模。"空间"机会指的是酒店业档次与空间分布的结构。中国酒店业的结构仍然是以大量中低端酒店为主，且广泛分布于大量三四线城市及县级市。由北京第二外国语学院与盈蝶咨询公司共同发布的《2018年中国大住宿业发展报告》披露，截止到2017年12月31日，中国共有住宿设施457 834家，客房总数16 770 394间。其中，经济型（相当于二星级及以下）和中档酒店（相当于三星级）共30多万家，且大部分都是单体酒店。在这一"时空"节点上，OYO抓住了中国的三四线城市中的大量经济型和廉价型单体酒店，通过其平台优势与模式创新，实现了高速扩张。

因此，OYO的高速扩张除了和其自身独特资源与能力有关外，更多的还是与外部环境的新变化有关。非一线城市的、中低端酒店市场在未来的巨大发展潜力，将会是催生更多OYO酒店们出现的肥沃土壤。未来，大型互联网公司、连锁酒店集团、甚至可能我们无法预知的"新物种"，都可能在这一下沉市场中成长为"独角兽"或者"庞然大物"。

二、酒店市场下沉趋势及应对策略

这种从一二线大城市向三四线城市再到县级市场进行布局与深耕的行为称之为市场下沉。事实上，酒店公司较早就开始了"市场下沉"。我国的一些区域连锁酒店集团，如东呈、尚美、驿家365等早在10年前就从下沉市场"起家"并逐渐成长。近年来国际酒店管理公司也一直在开拓三四线市场，洲际酒店集团2018年在华新开业酒店达77家，其中在二三四线城市的开业酒店量已经占据新开业总数的近七成。

伴随着城镇化的快速发展，生活消费的普遍升级，互联网与智能手机的广泛普及，当前以及未来可预见的时期内，下沉市场将会具有巨大的增长空间。以在未来十年将会成为消费升级主力军的90后群体这些"小镇青年们"为例，他们同样有着个性化的消费观念、时尚化的消费标签——他们热衷于追随大城市中的时尚消费以及生活品质。借助"抖音""快手"成为全民网红，早已成为小镇青年们"土洋结合"式的消费缩影。大量与生活消费有关的新兴品牌如"喜茶""周黑鸭"等就在下沉市场中起家并迅速扩展至全国。下沉市场中的酒店大多为中低端的单体酒店，这些酒店在品牌、渠道、服务、收益、资金、管理效率等方面普遍急需提升，与快速崛起的下沉市场中的需求并不适应。此时，OYO酒店模式的出现，的确精准地瞄向了这一"痛点"问题，并抓住了下沉市场中消费升级的市场红利。

下沉市场为中国酒店业的发展提供了一个新的发展空间。然而，酒店集团（或其他企业）在进入下沉市场时，除了追求规模上的快速扩张外，还应当关注如下几个方面的策略。

1. 对下沉市场的认知更新

进入下沉市场的酒店（集团）需要对该市场的客户群有全新的认知，挖掘出这些客户群与一线大城市的客户群有哪些差异。仍以下沉市场中的小镇青年为例，他们可能不需要像他们在一二线城市的同学、朋友那样顶着巨大压力进行工作，借助上一辈及同学朋友等资源的支持，他们有着较为稳定的收入、较为充分的闲暇时间，生活质量相对较高。某种意义上，其可支配收入及消费需求可能超过一线大城市的普通白领，是推动酒店在下沉市场中发展的重要市场动力。

2. 产品与服务的本地化调整

下沉市场中的酒店产品与服务也同样需要结合市场特征进行调整。例如，在四五线城市及县级市、县城等进行布局的中端酒店、经济型酒店，其大堂是否要更大、更气派点？客房面积是否要更大点？早餐是否要有本地特色？客房装饰装修如何把时尚与当地特色结合？服务流程与SOP是否需要调整，如服务员见到老顾客是用标准的普通话说"您好"，还是用当地方言普通话说"大哥你来啦"？

3. 营销方式的土洋结合

在针对下沉市场中的顾客群进行市场营销时，应当关注营销方式的"土洋"结合策略。由于下沉市场中的顾客群常会形成熟人圈子、线下的交流比线上交流更频繁、注重口碑效应、对时尚和个性的消费有盲目追求的心理等特征，可以采用土洋结合的方式进行营销——既要利用"抖音"、微信、微博等新媒体和自媒体等线上营销方式，又要有发传单、贴标语、在出租车上打广告等看似"传统和土得掉渣"的营销方式。占据下沉市场中本地顾客的心理认知才重要，也许那些频繁出现、并在消费者的朋友圈之间口口相传的广告要比投入巨大的专业性广告的效果更加直接、有效。

4. 管理模式的因地制宜

在地域性很强的下沉市场，酒店管理模式尤其要考虑因地制宜。例如，下沉市场中酒店需要雇用大量本地员工，对这些本地员工管理需要有新的调整，例如很多本地女性员工中午要回去做饭和休息，这在大城市还较为少见，酒店在排班和绩效管理上要进行调整，又如，下沉市场中的酒店加盟商往往在当地"有能量"或者"有钱有势"，因此酒店所派出的店长要灵活地处理好日常经营中加盟商和酒店管理公司之间的关系，稍有不慎，会造成加盟商与酒店方出现紧张关系，影响特许服务管理的效果。

总之，本文对OYO酒店的高速扩张现象进行了分析，进而提出了酒店市场下沉是酒店业未来发展的重要趋势，同时从市场认知、产品与服务、营销方式、管理模式等方面提出了酒店市场下沉时需要关注的策略，为酒店提供一定的思路借鉴。

当然，本文讨论的是从一二线城市到三四线城市再到县级城市的垂直下沉方式，值得思考的是，即使是一线大城市，如从北京的二三环到五环外、六环外的市场布局是不是市场下沉？从原有关注热门市场、大市场到探索缝隙市场和微细分市场是不是市场下沉？从关注大客户到探索长尾客户是不是市场下沉？如果是的话，会有怎样的趋势、酒店又如何来应对？这些均有待未来进一步探讨。

健康酒店的类型及成功路径探析

黄艳艳　李朋波

一、健康酒店的发展背景

基于产业融合后的健康酒店种类繁多，视角不同，对健康酒店的定义也就各不相同。国家旅游局（现文化和旅游部）对健康旅游的定义："通过养颜健体、营养膳食、修身养性、关爱环境等各种手段，使人在身体、心智和精神上都达到自然和谐的优良状态的各种旅游活动的总和。"结合此定义，健康酒店是依托自然资源和健身活动的方式，以贴心服务和健康服务为核心产品，达到为旅游者提供健康生活方式的综合性服务企业。2018年4月，健康旅游协会重新修改了对"康养中心（wellness resort）"的定义，这一举措被认为是顺应"康养+酒店"大趋势的案例。

从国家政策来看，健康旅游作为一种旅游新业态得到了国家层面的大力扶持。政府工作报告中的"健康中国"表明国家对健康产业的重视，鼓励发展健康服务新业态，推动旅游、养老、互联网、健身休闲、食品等与健康产业的深度融合。国家政策的支持为健康旅游增添新动力，丰富的自然资源是健康旅游深入发展的基础。健康旅游不仅满足了消费者在旅游过程中对健康养生的需求，而且引领了旅游行业未来发展的新潮流。

对于消费者来说，由于人口结构的老龄化、亚健康的日益普遍、全球化健康理念的革命性影响，人们对健康旅游的诉求越来越强烈。最开始出现的健康旅游形态是医疗旅游，而后消费者对健康的追求体现在食、住、行、游、购、娱六方面得以体现，尤其会在食与住的方面。整体而言，消费者的健康诉求主要分为两方面，一方面是为增强体质的预防诉求，一方面是为恢复健康的治愈诉求。

消费者的需求与政府的大力支持造就了健康产业巨大的发展潜力，各行业的企业试图从旅游、养老、互联网、食品、环境等方面寻找一个突破口而进入健康产业的这片蓝海中。由于旅游是个可进入门槛较低的行业,于是有一批企业以旅游业为平台,通过"旅游+"的方式完成自身的产业转型或者布局,如绿地控股投资建造养生酒店、万科集团涉足养老产业、新奥集团开发旅游产品等。旅游企业则通过"健康+"的方式布局健康产业,如洲际、万豪、希尔顿等国际酒店集团通过收购或者研发的方式打造健康酒店品牌。

二、健康酒店的类型

健康酒店作为健康旅游项目中的一部分,也是其中不可或缺的一部分。健康酒店相比于常规酒店的突出特点为高房价、稳定的客房出租率、高客户黏性、高营利性、自成旅游目的地。目前学界和旅游界尚未对"健康酒店"有统一的认识和定义,不同类型的健康酒店的边界较为模糊,本文试图明确健康酒店的边界,从而有助于推动该主题的研究发展和相关实践项目的推进。就目前现存于健康市场中的酒店大致可以分为两种类型,一种是侧重治愈的医疗酒店,另一种是侧重预防的养生酒店。医疗酒店和养生酒店是健康酒店的一级细分,根据医养程度的不同,对健康酒店进行二级细分,主要分为治愈型、养老型、产后修复型、中医预防型酒店四种类型。(详见图1)

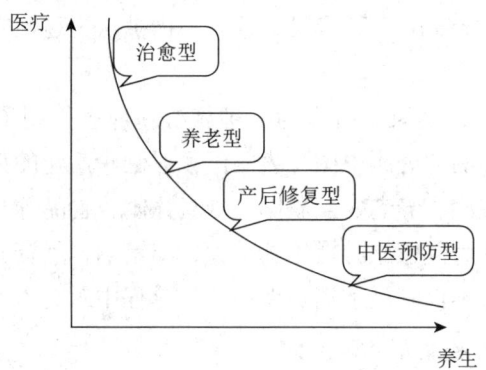

图1 健康酒店的类型

第一类,养老型。养老型养生酒店是破解人口老龄化社会问题的一种酒店新业态。传统的养老产业主要有两种:一种是护理型养老,一种是居住型养老。养老型酒店巧妙地将这两种产业类型融合起来,打造"护理"+"居住"的医养型养老酒店。不仅为老人提供舒适的居住环境,更重要的是配备完善的医疗保健系统,并且满足其物质和精神生活。养老型酒店要充分考虑老年人群体的特殊性,专门针对老年人建设酒店设施设备。在硬件方面，增加医用电梯、紧急呼叫按钮、卫浴间把手等适老设施，同时配备救护车、护士站和保健中心。在康养服务方面，提供科学的身体检查服务、医疗救护服务、疗养服务以及养生服务。在生活服务方面，量身打造合理的养生菜单，设置全面的托管服务，配置丰富的娱乐文体活动。养老型酒店要格外关注老人的人身安全，日常运营中定期排查居住环境内的安全隐患，时刻监控老人的身体状况。养老型酒店的目标是让老人能够有尊严地安度晚年，使"老有所依、老有所乐"。这类养生酒店在我国正处于蓬勃发展阶段，常规酒店集团开始布局养老产业，如九华山庄推出养老公寓——九华国际养生公馆，开元酒店集团打造开元东方养老院等。

第二类，产后修复型。准妈妈在分娩前的修养和分娩后的调理是尤其重要的，常规医院的妇产科对于产妇关注的细腻程度不足够，家属也难以提供专业的指导，于是"月子中心"式健康酒店诞生。这类健康酒店会依托强大的医疗支持，为分娩后的产妇恢复提供专业的护理计划，同时科学喂养新生儿，培养婴儿良好的睡眠习惯。产妇在怀孕期间，身体发生了很大的变化，在分娩后要通过一系列恢复活动将身体复原到非孕状态，这种生理变化需要42天，这段时间称为产褥期（俗称"坐月子"）。从中医学的角度，产褥期是女性调理身体的关键时期。健康酒店秉承中医养生理念，结合现代医学技术，根据产妇的体质类型及产后特殊生理状态，制订个性化的调理方案。中医调理主要是通过中医手法和营养膳食，帮助产妇恢复元气，全面提升健康水平。除此之外，这类养生酒店配置了专属的医疗小组，实时监测产妇及新生儿的身体状况。同时，设有瑜伽室、SPA室、美容美体室，为产妇提供了产后瑜伽、美颜塑形等服务。对于新生儿的护理也是此类养生酒店关注的重点，主要表现在重视新生儿的科学喂养、日常护理以及亲子早教方面。此类养生酒店还衍生出了家属服务专区，以满足家属的生活和工作的需求，比如设有商务工作区、健身中心、自助餐服务等。产妇修复类养生酒店在国内发展较为成熟，目前已经辐射到三四线城市。

第三类，治愈型。常规医院中拥挤的病房和浓厚的消毒水气味在很大程度上会引起患者心理上的不适和焦虑，不利于病情稳定和恢复。治愈型酒店在硬件设施和软服务方面能够满足患者修复的物质和精神需求，有效地控制病情，加快康复的步伐。这类健康酒店是由市场需求驱动产生，患者有康养需求，后在医院里嵌入酒店式服务，以医疗服务为主的治愈型酒店。治愈型酒店的目标是通过提供专业的医疗服务和酒店式的贴心服务从而有效地控制患者的病情，加速痊愈。这类健康酒店全方位地为患者修复助力。在硬件方面，从室内布局的色调、灯光、气味、空间感到公共区域的设计、舒适度、人性化以及房内细节的人文关怀等，都关照了患者对环境的感官需求及入住体验。在软服务方面，从急诊、定期检查、用药、复健、饮食、住宿到心理辅导、人际交往等，都为患者提供了管家式的贴心服务，时刻监控患者的健康状况。此外还会开设修养性课程，如太极拳、插花、茶道，患者通过这些活动能够治愈身心。健康疗养型酒店的发展在国内处于起步阶段，国外市场上相对成熟，如新加坡的斐瑞医院、美国的克里夫兰假日酒店等。

第四类，中医预防型。近些年由于环境污染和快节奏的生活方式给人们的健康造成了极大的威胁，于是养生开始成为热点话题。中医养生是在中医理论的指导下，根据人体生命活动的变化规律有意识地进行一些物质和精神的身心养护活动，达到保养生命的目的。最初，酒店行业针对养生开发的业务以水疗为主，随着养生从小众需求变成普遍的市场需求，养生理念开始渗透到酒店业务的各个方面，中医养生酒店成为一种酒店新业态。这类健康酒店的特征是现代医疗参与程度较低，在酒店空间的基础上，把养生业务嵌入酒店的运营业务里。

中医养生理念提倡的养生方法主要有精神养生、饮食养生、雅趣养生、运动养生等，依托于不同的养生方法衍生出不同特点的中医养生酒店。其中有显著差异的主要有两种，一种是修身型养生酒店，一种是养护型养生酒店。修身型酒店强调的是在遵循自然生命规律的基础上，通过运动方式来疏通经络、改善脏腑功能、和畅精神情志、培育元真之气，从而达到提高生命质量、延年益寿的目的。运动养生注重意念、呼吸和躯体运动的配合，旨在动静合一。目前这类养生酒店处于发展火热阶段，一些国际知名酒店品牌纷纷开始布局。上海复旦皇冠假日酒店引入顶级瑜伽连锁品牌 VITA YOGA、凯悦酒店集团收购养生度假村及瑜伽品牌 Miraval Group、洲际酒店集团收购奢华养生酒店品牌六善、希尔顿国际酒店推出 Five Feet to Fitness 健身客房等。

养护型酒店强调在中医养生基本原则的指导下，有意识地修德怡神、调志摄神，保护和增强精神和心理健康，达到心安神怡的目的。这类养生酒店依托于精神养生和雅致养生的方法，强调人与自然的和谐。普遍看来，养护型养生酒店业务的特征是人的主观参与，比如客人主动地到大自然中去感受自然，顺应自然环境，或者主动地从事音乐活动、书画活动、品茗活动等去陶冶自我，寓养于高雅的娱乐之中。这类健康酒店具有良好的发展潜力，目前已经出现了较为成熟的品牌。比如以修复和提升身体治愈力为目的打造而成的廊坊新绎七修酒店、为追求心理完整健康的旅行者而生的云南 GF 婕珞芙健康养生酒店、日本西山温泉酒店、巴厘岛 COMO 香巴拉酒店等。

三、健康酒店成功的关键要素

健康酒店已经迎来了黄金发展阶段，不管在学界还是业界都在努力寻找使健康酒店获得成功的机制。本文从健康酒店的最初起源出发，对健康酒店能够获得成功的关键因素进行解读，为发展健康酒店提供一种新思路。总的来说，促使健康酒店成功的所有因素中最核心的在于四大资源的整合和利用。

第一，健康资源的整合。健康产业的范畴很广，因此有了"大健康"的说法，大健康是根据时代发展、社会需求和疾病谱的改变，提出的一种全局的理念。从狭义的角度来看，大健康追求的不仅是个体的身体健康，还有精神、心理、生理等方面的完全健康；从广义的角度来看，大健康强调的是社会、环境、道德等方面的整体健康，它涉及了与健康相关的各类信息、产品和服务，同时也包括为了满足健康需求所要采取的行动。在打造健康酒店的进程中，注重将庞杂的健康资源整合起来是获得成功的关键因素之一。

第二，酒店资源的整合。酒店业本身就是涉及多方产业的综合性产业，我们从酒店资源的供给方和需求方对酒店业进行解读。酒店的经营者是酒店资源的供给方。对于酒店经营者来说，酒店是通过服务客人以致与客人建立关联的平台。客人的入住需求是多样的，因此在服务客人的过程中需要各部门的有效配合，涉及销售部、餐饮部、客房部、康体部、财务部等，而且还需要人力提供具体的服务贯穿其中。对于客人来说，酒店是独立于家庭场所、工作（学习）场所的第三空间。不仅是他们非惯常的生活空间也是想象空间，既要满足他们理性的功能需求又要满足他们潜在的情感需求。在打造健康酒店的进程中，把握住酒店资源的双边需求是获得成功的关键因素之一。

第三，人才资源的整合。人才是企业发展的第一资源，任何企业想要获得成功就必须尊重知识、尊重人才，健康酒店业也不例外。由于健康酒店的发展时间较短，因此这部分专业人才的培养还未能及时跟上。考虑到健康旅游产业深远发展和良好的前景，国内部分院校已经开设相关专业以培养更多更加优秀的专业人才。目前从事健康酒店行业的人多是由其他专业转型而来，不同专业背景的人才聚集到同一行业内既有优势也有劣势。其优势在于，健康酒店行业能够受到不同专业知识的指导，有利于拓展行业发展领域；其劣势在于，不同专业的视角过于分散，健康酒店行业就难以形成规范和体系。放大当前行业内人才资源的优势，尽量减少劣势是获得成功的难题也是关键因素之一。

第四，营销资源的整合。凡是与经营业务相关的都与营销有关，营销的成功与否与企业的生存发展息息相关。营销资源指的是在市场营销中所形成的包括经验积累、核心技术、产品、声誉、客户关系以及市场网络等资源。对于健康酒店来说，营销资源演化成基于用户端上目标客群的健康状态和健康需求，此外还有年龄、性别、职业分布、消费水平、消费习惯等；基于产品端上健康项目吸引客户的亮点；基于市场端上真实且有效的细分市场。营销对于健康酒店品牌的构建也是至关重要的，如何整合营销资源是获得成功的关键因素之一。

第三篇

组织与人力

把握员工权力需求，让授权管理更有效

李朋波　黄艳艳

饭店企业的价值创造更多来自一线员工为顾客提供的直接服务，其服务质量和竞争力的提升依靠的是员工在服务顾客过程中的主动性和创造性。当前随着互联网技术的广泛运用，顾客对服务的个性化和快速化需求达到了前所未有的水平，如何及时满足顾客需求成为饭店企业管理中的核心议题；同时，随着新生代逐渐成为饭店员工群体的主力军，他们对工作中自主性的诉求越发强烈。在此背景下，越来越多的饭店企业意识到，必须通过适当方式实现员工在工作中的自主性来应对和满足快速变化的顾客需求，而以授予下属权力并实现其工作自主性为核心的授权管理或授权行为，成了当前饭店管理中的一个热门议题。

实际上，授权作为一种强调员工自主性及其积极作用的管理方式，被广泛认为符合互联网时代企业所处的环境特征，其能够为员工、团队和企业各层面带来积极效用的结论已被广泛证实，包括在饭店等传统服务企业的研究中也得到了相同的结论。然而，在企业的授权管理实践中，如何让授权更加有效却是长期困扰企业管理者的难题之一。笔者近几年在国内饭店企业开展实地调研和深度访谈的过程中，经常被管理者们问及"有什么好的方法，让我们更好地向下属授权""我们该如何更好地构建企业的授权管理体系""怎样的授权方式才是最有效的"等问题。这在一定程度上说明了饭店企业及其管理者对授权有效性的诉求。

在调研中，我们发现大多数开展授权管理的饭店企业的思路是较为一致的，那就是想方设法提高管理者进行授权管理的能力和技巧，说白了是提高管理者的管理能力。但这种思路可能是走错了方向或者视角不够完整，因为授权的对象是下属，授权后权力的使用者也是下属，按照管理中"匹配"的基本逻辑，企业及管理者授予下属的权力必须匹配和满足员工在工作中对权力的需要，这样授权才能够更加有效。

那么，饭店员工希望企业或上级授予他们哪些权力呢？针对这一现实问题，笔者的研究团队在饭店一线员工中开展了深入调研,通过规范的扎根研究方法,挖掘并归纳出饭店一线员工的权力需求结构。研究发现,饭店一线员工的权力需求大致可划分为三大类的8项权力,它们分别是资源调配类、参与管理类、自我成长类,其中资源调配类包含3项权力,即"掌握工作信息权""对客服务灵活权""工作自主安排权";参与管理类包含3项权力,即"工作沟通协调权""问题发现反映权""决策参与建言权";自我成长类包含2项权力,即"自我成长发展权"和"公平公正对待权"。

一、资源调配类权力

掌握工作信息权是指员工期望获得有关工作和顾客信息的权力,从而可以更好地为顾客提供服务,提高顾客的体验和员工自身的工作绩效,主要体现在清楚岗位职责、知晓工作活动安排、掌握顾客相关信息、清楚考核相关内容4个方面。饭店企业的工作具有繁杂性的特点,员工期望对自己负责的岗位和工作内容有清晰且全面的认识,如"作为一线员工,希望清楚地知道自己的岗位职责,清楚自己可以做什么、不可以做什么,清楚做到什么程度是符合要求的"。顾客是饭店一线员工工作内容的核心,因此员工对顾客越了解就越能为顾客提供贴心的服务,如"对酒店的新的促销活动、顾客偏好等信息,员工有权在第一时间知晓,以便提供优质的服务"。对客服务灵活权是指面对突发情况时,在不损害集团和客人利益的前提下,员工能够自主选择应对突发状况的方法的权力,体现在自主提供个性服务、灵活应对顾客诉求、适时给予顾客优惠、自主即时处理投诉以及使用资源解决问题5个方面。处理顾客投诉需要员工具有灵活动用一定资源的权力,授权一线员工即时处理顾客投诉能够减少顾客的等待时间以增加顾客的满意度,如"面对客人投诉等一些突发状况,可以拥有一定权限范围内的自主性,给予客人赠送小礼物、对某一菜品免单的权力"。顾客对服务有着不同的需求,员工需要针对顾客的差异化需求提供个性化服务,如"根据不同的顾客个性特征以及用餐状况,提供不同的服务状态"。工作自主安排权是指员工在工作中能够自主选择工作方式,以完成相应工作内容的权力,主要体现在灵活安排工作内容、自主选择工作方式、能够主动响应客人、能够自主配备资源4个方面。一线员工是饭店企业中能够直接关照当下服务细节的群体,拥有自主权能够随时变换工作方式,从而为顾客提供优质服务,如"在客人有需求时不需要其他人指挥,而是自己能主动去做,有一定的自主能力"。

二、参与管理类权力

工作沟通协调权是指为了完成既定工作任务或目标，员工在工作中能够与其他部门及上级进行沟通并开展协作的权力，主要体现在建立部门相互联系、跨部门平等沟通、开展跨部门协作、越级汇报沟通工作4个方面。多数员工表示与其他部门建立联系能够促进工作默契开展，如"与厨房平等沟通能够让我的工作更加完美"。为满足顾客的需求或者处理突发状况，员工有时不得不采取非惯常手段，如"当遇到紧急事件，却联系不到自己的上级领导时，员工可以直接向部门领导或跨部门的领导进行汇报，及时解决顾客的问题"。问题发现反映权是指员工有权表达在工作中发现的问题，这是员工监督工作的体现，主要体现在能够监督反映问题、发表观点提出意见、制约上级及其行为3个方面。饭店企业的一线员工处于服务工作的一线，一线员工发现的问题是改进服务流程和提高服务质量的关键，因此他们需要被授权去发现问题并能够表达自己的意见或观点，如"外场就要发挥监督员的角色，及时将自己发现的问题或者顾客反映的问题反馈到厨房"。除了对工作内容的监督之外，相互监督和监督上级也是一线员工的权力诉求，如"能够指出上部领导的错误并提出意见"。决策参与建言权是指员工有权陈述主张和提出建议并以此来参与日常的管理决策，主要体现在进行建言献策、参与产品创新开展、参与管理决策3个方面。在访谈中，很多受访者表达了为所在饭店建言献策的强烈愿望，如"员工可以在一些会议和决定中发表自己的建议，提出一些想法"。饭店的一线员工在很多时候比上级领导更了解顾客及其对服务和产品的评价，因此他们提出的建设性意见是实现服务和产品创新的重要途径，如"在组织或菜品创新方面有参与权或建议权，这样可以更好地参与到组织建设中去"。

三、自我成长类权力

自我成长发展权是指一线员工能够获得培训、学习和指导，从而更好地实现自我成长和发展，主要体现在能够获得专业培训、拓展工作相关技能、获取职业规划支持3方面。在访谈中，受访对象较为集中地表示，除岗前培训外还期望获得更多的工作技能和专业知识方面的培训，如"在工作中除了一些专业的岗位技能以外可以拓展其他方面的技能"。此外，多数员工有得到职业生涯规划指导的诉求，有目的性和针对性地提升自我实力，同时增强所在企业的人才竞争力，如"我非常希望能够得到关于职业生涯规划与职业发展方面的指导，这样会让我们知道自己是否适合目前的岗位,更适合做什么岗位以及未来能够走向哪些更高的岗位"。公平公正对待权是指员工期望在工作中能够得到公正客观的对待、能够公平地参与考核和晋升,以及得到上级尊重的权利,主要体现在受到公平公正对待、参与公平考核晋升、上级下级关系公平等3个方面。得到公平的考核和晋升是每位员工理应享有的权力,企业设置考核制度与方法的目的是激励员工,而不是打压员工的积极性,因此上级领导应尊重员工的工作并且给予公平公正的评估,如"在奖惩标准上员工与员工之间、员工与上级领导之间应完全按照规章制度执行,不得对某些人员进行特殊对待"。

四、结语

我们通过研究得出的饭店一线员工的权力需求结构,即三大类8项权力需求,对饭店企业的授权管理具有一定的启发意义和运用价值。首先,饭店企业及其管理者可以根据"匹配"的原则,按照一线员工的权力需求向他们进行授权,这样的思路能够提高授权的有效性;其次,饭店在构建授权管理体系时,可以从一线员工的权力需求出发,更加合理地确定企业内部的授权内容,能够更好地培养和提升管理者的授权能力;再者,饭店企业可以从员工的权力需求入手,着力培养一线员工运用这些权力并取得实效的能力,从而提升员工的综合素质能力。

同时,也需要注意以下两点:其一,我们探索得出的这些权力均来自一线员工的诉求,仅是员工一方的视角,即仅能够更好地满足员工的权力需求,而未更多地关注饭店企业的现实情况及其诉求,因此,饭店企业在构建授权管理体系时需要综合各方的诉求来设计更加完善的授权内容体系;其二,向员工授权一方面能够让他们的工作更加自主,但同时也需要注意员工在获得权力的同时也承担起了对应的责任,因此饭店企业需要培养员工合理、有效运用这些权力的能力,需要时刻关注授权后的效果并进行实际调整。

顾客价值导向：需要自外向内的组织管理体系设计与变革

李朋波

摘要： 要真正为顾客创造价值并带来企业持续发展，仅仅把握对客服务中的种种细节是远远不够的，更为重要、更为长久的途径还在于更高层面的管理变革。我们的观点是，传统服务企业需要从顾客端出发，采用自外向内、自下而上的逻辑来设计组织管理体系，唯有如此，企业才能将全员统一于创造顾客价值活动，才能培育起和不断提升创造顾客价值的结构性与系统性能力。

在互联网时代，有效地获得用户成为企业竞争力的最终来源和核心体现，由此，"顾客创造导向"成为众多企业对外宣称自身宗旨、愿景、价值观时等最常用或所包含的标语。对于直接开展对客服务、通过创造顾客价值来获得企业价值的传统服务企业而言，顾客价值导向就更加重要了。

然而，知易行难，从"宣扬为顾客创造价值"到"真正创造顾客价值"之间还隔着很大的一道"鸿沟"，要跨越从"知"到"行"的鸿沟并非易事。也正因为知与行之间的距离，我们在传统服务业中看到过太多的不但没有创造反而在损害顾客价值的现象，轻者如无视顾客需要，用企业制定的条条框框让顾客感到这里真的"不如家"，重者如近几年不断出现的"毛巾门""卫生门"等事件。毫不客气地讲，前者还好一些，涉及的是服务及其管理的逻辑与水平问题，后者就不同了，绝不是水平高低的事，而是道德水准如何。

一、问题出在哪里

在传统服务行业走得、看得、想得多了，逐渐发现一些企业在"顾客价值导向"上之所以出现知与行之间的不一致乃至背离，其并不是那么简单的问题，而是一个系统性的问题。这里要说的是组织管理体系与企业宣扬的为顾客创造价值之间的不一致乃至背离。

这种不一致乃至背离大致有以下几种情况：第一，组织管理体系设计的原点不在顾客端，而在企业及其最高管理层一端，如果最高管理层的心思并不在顾客价值上面，那组织管理体系设计就很可能不是顾客价值导向的，而是企业及其最高管理层意志导向的；第二，企业价值产生的逻辑是由顾客端向企业内部传导的，而组织管理体系的设计逻辑则是自内向外——从企业内部向外部顾客传导的，造成的结果是，企业不仅不会为顾客需要做出适时改变，反而会用各种不合理的"按照我们店的规定，您不能如何如何"来约束顾客；第三，组织管理体系设计虽是顾客价值导向的，但其具体模式、内容等却是官僚的，开展具体对客服务的一线员工往往不具有用来自主为顾客创造价值的权力和资源，向上级主管请示得到的又是各种"这样绝对不行"式的答复，久而久之，员工也就失去了创造顾客价值的积极性、主动性和能力。

二、该如何做出改变

要做出改变，传统服务企业的管理者们就需要认识到，摆在行业面前的很多现实困境或难题不是通过对某个方面进行简单的管理措施改进就能破解的，而需要做出大的、系统性的管理变革，而且这种变革还需要决心和速度。对于这里探讨的"顾客价值导向"的实现而言，传统服务企业需要打破传统的自内向外、自上而下的组织管理体系，转而需要采用自外向内、自下而上的组织管理体系设计逻辑。几个最基本的逻辑如下。

其一，围着顾客价值转，就要在企业内部围着真正创造顾客价值的群体转。在传统服务企业中，谁才是真正和直接创造顾客价值的人？一定是在一线直接为顾客提供服务和产品的人员，但是我们常常把这个群体称为"基层员工"而非"一线员工"，把他们所做的工作称为"基础工作"而非"核心活动"，反映了企业对那个真正和直接创造顾客价值的群体的重视程度远远不够。我们只有充分认识到一线员工的重要性，才能真正围绕他们转，并将组织管理体系朝着有利于他们开展创造顾客价值活动的方向进行设计与变革。最近我们在一家酒店开展了一项员工岗位价值评价工作，全面评价后的结果表明，直接为顾客提供服务和产品的一线员工群体其价值不亚于坐在办公室里的管理职能员工群体。其实，在传统服务业中所有企业都明白一线员工及其工作的重要性，问题在于很多企业不情愿、不积极、不努力地围着他们转，背后的原因值得深思。

其二，围着真正创造顾客价值的群体转，就要让他们能够获得足够和合适的资源。围着一线员工群体转，不能只靠"嘴皮子"说大家如何重要，也不能只做些关怀员工的"秀"，对组织管理体系的设计与变革而言，需要让整个体系围绕一线员工创造顾客价值的活动及其需要开展。需要深刻反思的是，有多少企业的人力资源部门真正去调查过一线员工需要哪些资源和权力？有多少企业的职能部门在一线员工需要资源时能够给予准确、充足和快速的支持？在我们开展的一项针对服务企业一线管理者及员工资源和权力需求结构的调查中发现，"责任大支持少""事情多资源少"成为最为集中和影响他们工作积极性的问题。从组织管理体系设计的层面来看，改变这种状况就需要通过体系优化让一线管理者及员工能够根据创造顾客价值的需要获得他们想要的资源，并且要保证资源配置的匹配性和效率。在这方面，我们需要去深入研究和学习那些在"授权赋能"机制设计方面较为成功的企业。

其三，要让一线员工能够获得足够和合适的资源，管理职能需要转变为服务和支持职能。顺着前两个逻辑，更为重要、更难的变革在于企业以往的职能部门需要从"管理"角色转变为面向一线员工的"服务"和"支持"角色，并深入把握一线员工群体的资源需要，在他们创造顾客价值的过程中提供全方位、专业化的支持。尽管不少具有互联网思维和变革精神的企业已经实现了以上组织管理体系转型，但任何一家企业完成这样的变革都并非易事，原因在于它涉及的是企业深层次的权力重新配置和互动关系重塑。要降低职能部门的权力配置和提高一线员工的权力配置，管理者无法像以前那样"高高在上"地"发号施令"，反而要将一线员工视为服务对象做好服务和支持工作，这需要企业领导团队有很强的变革决心和掌控能力才能实现。在传统服务企业，实现这样的变革恐怕阻力更大，一个证据就是离职率居高不下一直是饭店企业难以破解的问题，但职能部门管理者们的离职率却非常低，这说明什么？说明这些管理者们待在企业"风和丽日"的舒适区。真要实现以上变革需要付出更大的努力才行。

三、结语

传统服务企业具有对客服务的先天和经验积累优势，对顾客价值重要性的认识也比其他行业要深，然而要真正为顾客创造价值并带来企业持续发展，则仅仅把握对客服务中的种种细节是远远不够的，更为重要、更为长久的途径还在于更高层面的管理变革。我们的观点是，传统服务企业需要从顾客端出发，采用自外向内、自下而上的逻辑来重新设计组织管理体系，唯有如此，企业才能将全员统一于创造顾客价值活动，才能培育起和不断提升创造顾客价值的结构性与系统性能力。

薪酬差距：说说这个"不能说的秘密"

李朋波

"薪酬"，恐怕是酒店行业最头疼的话题之一。酒店行业薪酬水平低俨然已经成为从业者们的共同体会，并导致了诸如员工招聘难、离职率过高、服务质量难以保证等结果。

行业层面的整体薪酬状况与行业发展情况是紧密关联的，从这个层面看，酒店业薪酬水平低的问题，更多的是由这些年来行业发展态势不甚理想导致的，其背后的影响因素是综合的，解决起来是复杂的。但同时，在薪酬水平"量"上的问题之外，在酒店企业内部这一较为微观的层面，一个重要议题就是该如何在不同层级、不同分工的员工中合理地分配薪酬，这就涉及企业内部的薪酬差距问题与薪酬分配的公平性问题，是一个结构上"质"的问题。

一、突出的薪酬差距

那么，当前酒店企业薪酬分配结构的"质"上存在怎样突出的问题？正如本文题目中所标注的，这似乎是一个大家心知肚明却"不能说"的"秘密"，那就是基层岗位员工与管理岗位员工之间在薪酬分配上的明显差距。笔者查阅了近几年来的一些酒店行业薪酬调研报告并访谈了几位酒店人力资源经理，发现特别一致的是，酒店员工的薪酬水平分布有一个非常明显的拐点，在职位上出现基层岗位和管理职能部门岗位之间，在数量上后者的薪酬大致是前者的2~4倍（仅限于笔者获得数据的结果，不代表行业所有情况）；并且从过往几年的纵向数据来看，管理岗位薪酬每年均有不同程度的提升，但基层岗位的薪资似乎没有明显变化。这说明酒店企业基层岗位与较高层级的管理岗位之间存在着明显的薪酬差距，也说明新入职员工要想在这个行业获得较为理想的薪酬，需要通过努力走过基层岗位的"丛林"，跳过管理岗位的"龙门"。无怪乎加入酒店行业的应届毕业生选择离职的年限越来越短，也无怪乎基层员工有那么高的离职率，而处在较高层次的管理人员其离职率要低很多。

进一步地看，这样的薪酬差距也引起了基层岗位员工与管理岗位员工之间的矛盾。笔者 2018 年在几家酒店开展深度访谈时，均发现关于这种矛盾的表述。例如，在某省驻京办酒店调研时，一位基层服务人员抱怨："我们做的工作最辛苦，事情多责任不小，每天工作十多个小时是常见的事，夜班和周末加班更是'家常便饭'，但收入实在是少。""领导们坐在办公室，看起来挺轻松，但收入却比我们高很多乃至好几倍"；但同时人力资源部的经理也抱怨，"一线员工以为我们挺清闲，但其实压力很大，比如我们人力资源部，每年要做大量招聘和培训工作，人又不太好招，感觉一整年都在做招聘和新员工培训"。真是"公说公有理、婆说婆有理"，"没有最辛苦、只有更辛苦"。

二、解决思路

针对以上问题，笔者认为首先要非常清楚，推进薪酬分配的内部公平性，最终的目的是为了最大限度地激发员工群体活力从而为企业创造更多价值，背离价值创造的导向而仅在形式上实现薪酬公平，反而是从一个极端走向了另一个极端；其次，需要清楚薪酬分配背后的逻辑是组织管理体系的逻辑，涉及深层次的企业不同分工群体间的角色定位和互动关系，如果仅在面上让薪酬分配更公平，并不会为企业价值创造带来长远的作用。基于这些认识，提出以下思路来破解酒店企业存在的薪酬差距过大问题：

其一，在组织管理体系上，需要深刻认识和梳理企业价值创造系统，重塑前端一线员工与后端管理人员的角色及互动关系。在任何一个行业，为顾客创造价值并由此获得顾客都是企业竞争力的最终来源和核心体现，归根结底企业价值的来源并不在内部，而在于外部的顾客端和市场端，对于开展直接对客服务的酒店等传统服务企业而言更是如此。酒店中谁距离顾客最近、为顾客带来价值最直接？一定是处在最前端的一线员工，而管理职能部门在创造顾客价值中的作用则是间接的，也就是说它们应有的价值在于更好地帮助、支持一线员工以更好创造顾客价值。从企业价值产生的逻辑来看，在角色上，一线员工是顾客的服务者，管理职能部门则是一线员工的服务和支持平台，管理者则是他们的"服务者"和"支持者"；在互动关系上，一线员工应被定位成价值创造的主体，"让听得见炮火的人呼叫炮火"，他们最清楚提高工作成效需要哪些资源和支持，管理职能部门的职责在于对此做出准确、快速的响应。当前很多企业所进行的平台化组织转型，依据和体现出的正是以上逻辑。因此，要以价值创造为导向来提高薪酬分配的公平性，需要同步变革酒店企业的组织管理体系，这样的变革更深刻、更长久，当然更有难度和挑战性。

其二，按岗位价值定薪酬，开展人力资源岗位价值评估，将科学全面的价值评估作为薪酬分配的主要依据。岗位价值之争是企业内部最普遍的冲突之一，例如，每个部门都认为自己非常重要、对企业贡献更大，在薪酬分配时常有"有功者谈功劳""有苦者谈苦劳"的争论。如果企业没有一把衡量岗位价值的"尺子"，类似冲突和争论就很难避免，对公平竞争环境会造成极大损害。对企业的发展而言，这把"尺子"必须是价值创造导向的，而且其标准必须是公正公平的，如果能做到这两点，那么岗位价值不仅能够比较好地体现员工个人价值，进而激活他们为企业创造价值的积极性，而且有利于避免"出工不出力"搭顺风车的现象。我们在北京某酒店开展了一项人力资源岗位价值评估项目，从"工作难度""工作强度""工作责任""知识技能""岗位性质""工作环境"等维度对该酒店每一个岗位的价值进行了全面评价，为了保证结果的科学性，组织了包括内部管理者、基层员工、外部同行和专家在内的30多位评价者，出乎意料的是，结果表明前端一线直接服务岗位的价值并不亚于后端管理职能岗位的价值。

其三，扩展整体薪酬内容，以员工赋能和成长为导向并明确员工的差异化需求，构建有针对性的薪酬激励体系。薪酬不仅是给予员工劳动付出的回报，更是一种重要的激励方式，其最终目的是为了激发员工群体活力。当考察薪酬所具有的激励作用时，整体薪酬是一个更为综合全面的概念，不仅包括传统的薪酬项目如工资、奖金、福利等物质激励，也包括对员工有激励作用的能力培养方案、个人成长、发展和晋升机会等非物质奖励。酒店企业在提高薪酬分配公平性时，首先要做的工作就是将整体薪酬视为一个激励体系，可以通过调查确定员工群体究竟有哪些激励内容需要，从而构建出自身的"激励工具包"。其次，围绕激励的研究已经表明，当过度依靠外在物质激励手段时，员工的内在动机不仅得不到激发，反而会受到外在动机的挤压而降低，因此酒店企业需要以员工赋能和个人成长作为整体薪酬激励的导向和目标，这样其作用方能得到充分体现。最后，根据马斯洛的需求层次理论，酒店企业可以按照基层岗位和管理岗位的分工及所处的层级来挖掘员工对激励内容的不同需要，并最终构建出具有针对性和差异化的薪酬激励体系。

三、结语

实际上，薪酬差距过大的问题并不只存在于酒店企业，在其他行业也是普遍存在的,在酒店行业之所以表现得更加突出,一方面是由行业发展情况及整体薪酬水平较低所导致的,另一方面与其属于劳动密集型的行业属性有着密切关系。最后笔者想说的是,尽管本文提出了几个破解思路,但要真正破解酒店企业中薪酬差距过大的问题,最终"发展才是硬道理",唯有行业实力越来越强,从业者才能获得各自理想的收益和回报。

此间应有爱

江　静

内容提要：酒店业这样一个劳动密集和情感密集型的行业，服务若未能嫁接上爱的根，周而复始的简单劳动又怎能升格为富有情怀的创造性行为，"创造美好生活"的愿景又怎能切实转化为酒店人追求真、善、美的内心繁荣。

作为酒店业的新人，时常寻摸着能找到某条捷径，让自己在最短时间内学会十八般武艺，从此便能激扬文字、快意江湖。汲取前人智慧，或许是个不错的选择，于是找来商业奇才华住掌门人季琦先生不同时期的访谈来研究，然而，学习良久，也未曾悉得如何在激烈酒店竞争中出奇布阵，也未曾探得些许未来酒店业发展的神预测！相反，这位颇具文艺范的酒店人，谈及创业的初衷、守业的坚持以及对做一家伟大酒店企业的憧憬时，却言语哽咽，眼里放光，他说，这些或许都是因为爱。

一个"爱"字着实让我汗颜，这世间所有的学问，哪有什么捷径可走？而所谓一招制胜的武功秘诀，大抵也就只有一个"爱"字能承受吧。更何况像酒店业这样一个劳动密集和情感密集型的行业，服务若未能嫁接上爱的根，周而复始的简单劳动又怎能升格为富有情怀的创造性行为，"创造美好生活"的愿景又怎能切实转化为酒店人追求真、善、美的内心繁荣。

我想很多酒店人都跟我有类似的想法，站在巨人的肩上，就会少走一些弯路。于是找到行业的标杆企业，学习他们的制度、流程、营销策略。然而，所有学习不过是"术"的模仿，伟大与平庸的分野往往在"道"而不在"术"。桔子水晶炫酷的设计，源于企业执念于让每一位顾客都感受到美国桔子郡的阳光、自由与情调，于是细节考究，精益求精；亚朵一书一茶的静谧，是为了让旅人在繁杂的生活中体悟亚朵村纯净的眸子，身处他乡却温暖幸福；华住的精打细算，颇有大舜舍蛋壳杯而造井甃之魄，为的是竭尽全力让更多的普通老百姓出门在外，都能住上干净、舒适、安全的酒店……这些企业之所以能不断强化顾客黏性，靠的不仅仅是设计、营销、价格，或是领导人的顶层布局，而是更深层次的爱。唯有爱，企业才会步步紧逼，不断自省——我们究竟能为顾客提供什么？唯有爱，企业才能甘之如饴，切切实实地解决目标群体的消费痛点；也唯有爱，企业才给得了不同顾客正中下怀的情感体验。

很难想象一家没有爱的酒店，如何能让客户感受到温暖。更难想象不被爱的员工，如何能更好地去爱身在异乡为异客的旅人。酒店业长期以来以服务标准化为导向的管理方式，在一定程度上保证了服务质量，但不可避免地会以严苛的、无法选择和无法抗拒的方式对员工进行塑造、制约和安排。这种管理方式下，员工只会表现出一种机械的"复制力"而不会发挥创造力，更不会有温情。加之90后、00后日益成为酒店行业的主力军，新生代员工活跃于社交，个性张扬——他们游历甚多，见多识广；他们强调权益和参与，重视工作与生活的平衡，倡导我喜欢、我选择……新的思维模式、新的价值观、新的行为方式都在挑战传统的管理理念。而关爱员工就是从人的本源出发解决管理问题，从尊重人本性和摆正人本位的高度去构建管理的体系和规则。星巴克始终将"尊重员工"放在首位，并给予员工股权，让员工与企业休戚与共；亚朵也充分重视员工的主体价值，授权员工决策，鼓励员工建言献策，并以员工名字命名服务，如"吕曚路早"；锦江之星，视员工为"内部客人"，"关心员工就是关心公司事业，爱护员工就是爱护品牌"的认识已经成为一种风尚和自觉思维……只有当员工在企业中体验到了人性尊重，体验到爱，才能释放他们的人性光辉，为客户创造爱的体验。所谓关爱产生责任，责任铸就卓越，企业、员工与顾客三者之间，才能真正从逻辑上形成情感共同和价值共同。

当然，也有人戏言，随着人工智能时代的到来，传统酒店业的大部分工作都将被机器人替代，还谈什么爱。其实不然，人工智能能替代简单学习和易操作的工种，却难以代替人类与生俱来的情感体验。目光所及，便有温暖，这是冰冷的机器难以实现的。因此，对于有"爱"的酒店企业而言，人工智能的到来，又何尝不是另一个春天。

第一节《职业素养》课：我们何以成就自我？

李朋波

内容提要：2015年秋季学期，受学院安排，我有幸为大学一年级新生讲授《职业素养》课程的一部分，在课程中与同学们研讨了五个话题。这五个话题涉及的内容可能比职业素养课程本身的知识更有价值，涉及"如何成就自我""人生的意义""工作的意义"等更接近哲学层面（也可说是"心灵鸡汤"）内容的讨论。把这五个话题的内容和观点总结出来，并用第一至五节《职业素养》课的标题呈现给大家，希望对在校学生、职场新人和员工职业素养培训等有一点点启发。

在第一节《职业素养》课上，给学生抛出了一个2选1式的命题进行讨论：命题是"我们怎样成就自我"，路径一是"我们必须设法让自己成功"，路径二是"我们必须设法成就别人"。

同学们围绕这个命题进行了选择和讨论，场面可谓热烈，在一开始大多数学生选择了第一个路径。他们的观点是，两个路径并不矛盾，比较聪明的阐述是"我们必须首先设法让自己成功，成功后才有能力和实力去成就别人"。首先，学生们的回答在逻辑上是说得通的，而且还通过建立起两个路径间的因果顺承关系来将它们统一起来，而不是对立起来，可见学生们的智慧。但是随之而来的问题是，学生们的观点还是没能回答命题中的问题，既然认为成功后才有能力和实力去成就别人，那么该如何先让自己成功呢？这个答案似乎只是绕了圈，又回到了命题本身。

在我提出以上追问后，学生们通过反复讨论后，更多人开始选择路径二，并由此建立起了一个新的逻辑："我们必须设法成就别人，只有这样才能成就自己"，甚至再绝对一点说应该是"我们无法通过成就自己而成就自己，只能通过成就别人来成就自己"。在临近下课时也基本上达成了一致的结论。需要说明的是，这个命题的讨论本身并没有对错之分，只是想引导学生们对两个选择的先后逻辑关系进行深入思考，并在这个讨论和思考的过程中树立起在社会和组织中成为"给予者"的职业态度。

在这节课上给出的这个命题及其两个路径选择，其实存在着类似于"先有鸡，还是先有蛋"这种"无限循环"的矛盾，但相对而言，"成就别人"在前、"成就自己"在后的逻辑似乎更加"高尚"一些。这种看起来有点"绕口"的逻辑之所以成立，在其背后还有一些更深刻的原因和逻辑。

第一，人无法通过自己来界定自己，只能通过某种关系来界定自己。这是一个非常浅显的道理，界定某个人其实只能通过说明这个人的身份进行，而身份的背后是某种"关系"。比如，"某某是某某的老师""某某是某某的父亲""某某是某某学院的院长""某某是某某企业的老总"等。可以试想一下，如果一个人无法通过某种关系来界定，这个人就像真空一样不存在了。所以，我们每个人都存在于"关系"之中，"关系"是界定我们身份的基本内容。

第二，因为我们活在"关系"之中，说到底我们的价值都体现在别人身上。如果认同上面的第一个逻辑，那么由此产生的第二个逻辑就是，我们的价值都体现在别人身上。比如：之所以说一个人是位好父亲，那是因为他给予自己孩子很多爱并培养其成才；说某某人是位好老师，是因为他对学生们的成长有贡献；说某某人是位好领导，那是因为这位领导对其领导的组织及成员产生了好的影响。总之，我们每个人价值的体现也是通过自己影响的对象反馈回来的，所以有句非常流行的话会说"被别人需要是一种幸福"——别人需要你，你才可能通过别人的受益来体现自己的价值。

第三，我们能在多大程度上成就别人，就能在多大程度上成就自己。如果认同以上两个逻辑，那么最后一个逻辑和结果就是，我们能在多大程度上成就别人就能在多大程度上成就自己。真正伟大的人之所以伟大，是因为这个人通过自己的努力成就了很多人，或者他做的事情的结果有可能在未来成就很多人；一位好的管理者之所以受人尊重，可能是因为他成就了一家好的企业，成就了企业中的员工；一位母亲之所以伟大，因为在她的孩子看来，她给予了孩子生命并将其养育成人……

通过上面的三个原因和逻辑，就不难得出"我们必须设法成就别人，只有这样才能成就自己"的结论。那么对这个结论的认同，有助于我们在个人发展过程中树立起好的价值理念来指导自我，在这里简单列举以下的几种值得思考和培养的价值理念。

其一，把自己定位成为一名"给予者"（这也是一本畅销书的名字），用真实的给予者心态来建立起自己与他人或组织的关系。在思考和构建与他人或某个组织的关系时，多想想我能给予他人或组织什么，而且要真实地用这种心态来做事。其二，多问问"我给予了什么"，少计较"我得到了多少"。曾经在不少场合听到身边的人抱怨："这个单位给我的薪水这么低，还让我干那么多"，"这个团队这么糟糕，真是不想待了"等，这种心态虽然可以理解，但是不是应该在思考别人或组织给我们带来什么之前，先想想我们自己为别人或组织付出了什么。其三，用"给予"衡量自身价值，而不是用"获取"来衡量。比如一位企业员工，如果想着这个单位给自己发了多少薪水、晋升了什么职位、获得了什么权力来衡量自己的价值，想必是相当"无趣"的，如果多想想创造了多少价值、成就了多少下属、改进了何种管理，可能想着、做着也就"伟大"起来了。

最后，或许有人会说，"我不想成就自我，更不想通过成就别人来成就自我，就想做自己"，那上面这碗"心灵鸡汤"就没必要喝了，但其实"独善其身"也是一种给予，用锤子科技创始人、前新东方英文培训知名教师罗永浩的话就是，"不做好人也别做坏人，不做好事也别做坏事，因为这样毕竟还是会让世界变得美好了一点点"。

第二节 《职业素养》课：让目标选择事儿，别让事儿选择目标

李朋波

内容提要：书接上一节。本文为笔者《职业素养》课程第二节课的话题，但这个话题并不来自第一节的大学一年级新生课堂，而是来自硕士二年级课堂上的一次讨论，将这次讨论的核心结论"让目标选择事儿，别让事儿选择目标"定为本文的题目，也将讨论的主要结论观点呈现出来。

在酒店管理专业硕士二年级某门课程最后一节课上，问到几位研究生进入硕士学习阶段以来遇到了哪些问题，大家的回答各有不同，但一致之处大致有三点：一是忙；二是乱；三是不清楚未来的路。比如，一位学生的发言是："我们几个学期下来感觉非常充实，充实的表现就是很忙，忙得感觉有点乱、有点累，但是我不清楚自己将来要做什么，有时觉得自己什么都可以做，有时候又觉得自己什么也不会，未来什么也做不了"。

令人高兴的是，这些硕士生们经过了近三个学期的学习生活，已经开始深入关注内心的感受和思考未来的发展，并能够非常坦诚地表达自己面临的困惑和问题；令人担忧的是，尽管经过了大约一年半的培养，我们的硕士生们仍然没有找到或者说还在寻找自己或近或远的目标，并且处在"忙""乱""累"的状态。

那么，出现这种状况或者说问题的根本原因在哪里呢？仔细想想就不难发现，"症结"在未能早早地树立起未来的发展目标。因为缺少这个目标，就无法根据这个目标来判断哪些事对自己是有价值和重要的，而哪些事对自己而言并不是那么有价值、也不是那么重要。其结果是什么呢？那就是没有让目标来牵住事情的"鼻子"，而是让完成眼下一件件不知道和未来目标有着怎样关联的事儿成了自己眼下的目标，也就是本文题目中的"让事儿选择了目标"，或者说让眼下的事儿牵着自己走。

没有一个明确坚定的目标，显然是一件非常可怕的事。个人目标不仅是一个人对未来状态的设想，更是一把行动准则的"尺子"。拿着这把"尺子"，我们可以选择事儿，清楚地知道眼下的事可能只是紧急的而非重要的，或者很明确某件事不那么紧急却非常重要等，并以判断的结果来决定精力分配与投入。可以想象一个有这样的"尺子"并坚定地拿着它来衡量事儿的人，日子一定会过得相对轻松许多，做事的结果也肯定更加有效；相反，如果没有这样的"尺子"来衡量事儿，那很可能只能跟着事儿"随波逐流"，走到哪儿是哪儿，如果事情一多一乱，整个人也会感觉"忙乱累"。

在这里有两个故事与大家分享，一个是从电视剧中听来的，一个是我在自己大学同学身上观察来的，这两个故事可能会带来一些积极的启发。

第一个故事来自作家李佩甫的著名文字作品《城的灯》（这部作品也被拍成了电视剧，名字叫《下辈子做你的女人》，由任程伟、闫妮等主演）。这个故事出自书中一位将军的叙述，讲的是他一位身居将军职位的战友的事：这位战友因战功赫赫在中华人民共和国成立后的某一年被授予了中将军衔，他有两个"本领"，一是吃，二是睡，只有一件事能影响他的吃和睡，那就是打仗；大战在即哪怕是还有一个小时，他都要说"还早，先来点吃的，再睡半个小时"；他对自己喜欢的东西可以说是专一、痴迷，对自己不感兴趣的东西则是一点精力也不浪费；所以这个人精力好、脑子好，仗也打得非常精，因此才有了非常好的成就。

第二个故事来自我身边的大学本科同学。我大学本科读的是建筑学专业，但入学时其实很多同学并不清楚未来成为一名成功的建筑师需要现在做些什么，加上大学的环境和生活丰富多彩，包括我在内的一些同学开始发展各种各样的爱好，我甚至还一度想过放弃这个专业转而去攻读管理学专业。而身边有一位浙江籍的同学却在一入学就非常清楚自己未来要成为成功的建筑师，并把大部分的精力都用在最有价值的学习中去。当很多同学还在努力手工制图时，这位同学已经开始学习电脑绘图；当大部分同学也开始学习电脑绘图时，这位同学已经开始在一些设计单位实习并接触实际项目；当大部分同学掌握了电脑绘图技术时，这位同学已经开始靠较高的设计能力赚钱了……总之，他总是能快我们一步。现在回想起来，这位同学才是真正的高人。

通过上面的讨论和两个故事，可以看出找到一个目标并用这个目标来选择要做的事、要投入的精力是何其重要。进一步讲，"让目标来选择事儿"之所以重要，是因为我们每个人的生命、时间和精力非常有限，不允许我们做很多事情，更不可能让我们在每件事上面都取得成就，而在此情况下要取得成功就必须足够专注，专注于那些对目标实现有更大价值的事儿。

最后，也正因为目标在选择事儿上的重要作用，我们常见到"有目标的人不忙乱""成事的人不纠结"等类似的表达，所以回到本文开头硕士课堂上讨论的话题，要想获得良好的工作生活状态，不那么"忙乱累"还能取得好的成效，大家所要做的就是先想清楚自己的目标在哪里、是什么，之后再坚定地拿着目标的"尺子"来衡量选择眼下的事，并据此来决定要不要做、做到什么地步、投入多少精力等问题。当然，做到这一点非常非常难，需要不断修炼，我们每个人可能都需要这样的修炼！

打造酒店职业社会化用工平台的思考

王 俞

内容提要：解决酒店业人力资源现有困境，呼唤创新意识、联盟意识和更宽的胸怀和格局。不同酒店间除了竞争关系更要有合作。终身效忠于一家酒店或一个集团的员工将越来越少，酒店应变革工作设计，增强人力资源管理的灵活度，做好迎接互联网时代人才变革的准备。

"互联网+"时代下的中国酒店业既蕴藏着巨大的市场潜力也面临着非常激烈的竞争，其中之一就是人才竞争。技术的更新、创新型经济的兴起以及跨行业人才市场的流动使劳动者对工作有了新的理解和需求，包括职业满足感、自由度、家庭与工作平衡度等。这些时代特征都呼唤创新的用工方式。如何满足新时代酒店员工对工作的期望，有效地调动员工的工作积极性，提高管理效率，同时合理地降低人力成本是酒店经营者们一直思考的问题。由北京市旅游行业协会饭店分会发起，北京互联维高科技有限公司联合建设的"快乐 e 工"平台不失为解决上述问题的一个积极有效的尝试。

于 2016 年 8 月启动的"快乐 e 工"平台以调动社会资源、发挥行业互助、尊重员工的专业性和自主性为基础，增强了区域性酒店人才市场资源的流动性和分配合理性。"快乐 e 工"平台的创新性不只是互联网技术带来的信息交互便捷性、用人及结算方式的新颖性，更体现在这一平台形成的行业"联盟"资源优势。通过集合一定地理空间区域内的酒店，联盟变单个酒店的用工需求和某些岗位、个别员工的可利用闲暇时间为酒店用工需求集合、多样化的备选工作和备选人员；在提高资源对接效率的同时还在工作时间、数量、内容、地点和薪资等方面增强了联盟内酒店的工作弹性，从不同程度上满足了新时代员工对工作新鲜感、自由度、社交化及更高收入的追求；赋予员工更多的自由时间来平衡工作和家庭的关系，使酒店业并非"早九晚五"的工作时间变得更为人性化；联盟内的信用评价机制有利于帮助优秀个人找到更多的交流学习机会，从而更快搭建其个人的职业发展阶梯，还有利于筛选和传播良好的酒店用人单位和工作方法，促进行业良性竞争和整体水平提高。从社会发展的长远方面考虑，待平台搭建起的弹性用工体系成熟后，可以在将来以更灵活、更人性化的方式最大限度地减少企业裁员，改善地区就业情况，成为行业劳动力市场的调节器。

"快乐 e 工"平台目前还在探索阶段，还有很多需要进一步完善或解决的问题。然而，可以预见，随着中国经济结构战略性的调整，尤其是创新型服务业比例的增高，劳动力跨地区、跨行业、跨企业流动必然增大，酒店业作为传统服务业面临的劳动力短缺压力将增强。如果酒店业仍然采取传统的闭门自守人事管理方式，强调以单体酒店内部管理之力而忽视社会资源利用，或重使用而轻开发，或不能与时俱进，则无法满足新时代员工对工作提出的要求，进而加剧酒店业劳动力供求矛盾。换言之，解决酒店业人力资源现有困境，呼唤创新意识、联盟意识和更宽的胸怀和格局。不同酒店间除了竞争关系更要有合作。终身效忠于一家酒店或一个集团的员工将越来越少，酒店应变革工作设计，增强人力资源管理的灵活度，做好迎接互联网时代人才变革的准备。

饭店业的社会贡献：为农民进城务工提供专业平台

李朋波

管理大师彼得·德鲁克曾给出过"企业是社会的器官"的著名论断，精彩而深刻地揭示了企业作为社会系统中的组成部分与整个社会系统之间的关系，并对企业自身定位与社会价值的认知产生了深远影响。随着对企业社会责任重视程度的日益增强，工商企业界的各行各业都开始重视从社会贡献的角度来阐述行业及其企业的作为，以此树立起良好的行业和企业形象。对于我们的饭店业也不例外，无论是行业协会、企业管理者，还是行业研究者，都通过各自的发声媒介表达饭店业对社会的重要贡献。

现有围绕饭店行业社会贡献的论述非常全面，既包括对各个投资方在投资回报上的贡献，也包括对员工群体帮助和支持的贡献，还包括在更为宏观层面的经济税收、社会文化引领、区域形象提升等。尽管如此，一方面当前饭店行业是否应该承担、是否真正体现出了这么多社会贡献是值得再探讨的，另一方面我们也在思考，是否有一些属于饭店行业或者说饭店行业一直在做，却被人们长期忽视的社会贡献？

在后一个方面，我们从贡献的获得源自责任的承担和付出这一基本逻辑来进行分析并提出，饭店业对社会重要的同时也是我们忽视的贡献之一是，将大量农民工有效地转变为城市工。之所以提出这样的观点，主要是基于以下三点原因。

第一，饭店业相对于其他行业有着更低的就业门槛且劳动力缺口较大，对劳动力素质相对不高的农民工而言具有较好的吸纳能力。相对于知识密集型产业，饭店业对从业人员素质能力要求的层次相对较低，尤其是对于人员占比很大的基层岗位更是如此，这种劳动力需求决定了企业能够雇用一批没有任何从业经历的、初次进入城市务工的农民工；加之当前饭店业面临着较大的人力资源缺口，使得饭店企业在很多时候不得不将农民工作为雇用对象。尽管没有官方的数据统计，但从笔者所在单位近几年开展酒店业人力资源调研和从其他途径获得的数据来看，在很多酒店企业中农民工在员工群体的占比都在五成左右，他们基本上都在最基层的工作岗位上工作。这说明，饭店业对农民工具有较好的吸纳能力，在同属于传统服务行业的餐饮业中也存在类似的情况。

第二，饭店企业本身的产品组成，决定了它能够为农民工提供基本的生活条件和保障，对新进入城市的农民工具有较高的吸引力。对于新进入城市的农民工而言，"举目无亲""居无定所""衣食无靠"是非常常见的生活状态，由此产生的在物质和心理上的不安全感正是阻碍农民工融入城市的第一个也是最大的障碍。在这方面，饭店企业具有为他们提供基本生活条件和保障的先天优势，原因在于饭店本身就正是提供特殊的"家"产品的机构，能够为在其中就业的农民工提供基本的"衣""食""住"等需求，让农民工员工能够顺利完成融入城市的第一步。与此同时，在同一家酒店中往往有一些来自同一地区的农民工，也有很多酒店是通过员工介绍的方式引入了很多"同乡""同村"的农民工，在一定程度上满足了农民工在人际交往和情感联结上的需要；此外，很多酒店管理者对基层岗位上的农民工往往给予更多关怀，也在很大程度上满足了他们的心理需求。笔者在调研北京某家中端商务酒店时就发现，该企业的很多基层工作人员都把酒店当成了自己在北京的"家"，与企业及其同事建立了良好的感情联系。

第三，饭店工作经历能够较好地培养从业农民工基本的职业素养，为其未来更好地融入城市和实现自我发展奠定了基础。对在酒店企业就业的农民工而言，与其说是他们在酒店获得了基本的生活和经济条件，不如说酒店是农民工进入城市后的第一所"培训学校"。对基层工作岗位而言，尽管企业不需要也无法培养起员工较高的素质能力，但酒店作为传统服务企业的典型代表，其对员工职业素养的要求却是全面而严格的，例如，一位最不起眼的餐厅服务人员就需要具备餐饮知识、对客服务能力、服务礼仪、应变能力、情绪控制能力、责任心等诸多素养。在工作本身的锻炼之外，酒店还会为其员工提供大量提高工作技能和职业素养的培养，这些使得有过饭店行业从业经历的农民工具备了较好和全面的职业素养，建立起进入其他行业或企业的条件，为他们长期在城市工作并实现自我发现奠定了能力和素质基础。这也是为什么我们能够看到，其他类似的或者更高端的服务行业更愿意招聘有饭店从业经历者的重要原因，也是这些人员回乡创业在旅游、住宿、餐饮等行业中更容易取得成功的原因之一。

当然，饭店业在将农民工转变为城市工过程中的优势和作为还有很多，以上仅是从饭店行业本身所具有的特点所进行的阐述。如果认同并更加看重饭店业将大量农民工有效地转变为城市工的社会贡献，那么在当前行业不太景气、吸引力不高、宏观政策不利等环境下，整个行业企业、相关协会、政府主管部门就需要更多地从该社会贡献的角度入手：在认识上重新评价饭店行业在经济社会发展中起到的更为重要的作用是什么，让全社会去了解并清楚饭店业重要的价值是什么，让政策制定机构认识到饭店行业发展究竟具有怎样的意义等。也许从这个社会贡献角度出发来做各种工作，能够更好地为行业发展创造良好的社会环境，争取到更加有利的政策支持，从而促进饭店行业的持续发展。

饭店企业应注重老年人力资源开发与利用

李朋波

内容提要：笔者呼吁饭店行业及其企业深刻认识和准确把握我国劳动力年龄结构变化趋势，不断关注和重视老年人力资源开发与利用，在破解自身人力资源不足等现实难题的同时，也借此更好地履行社会责任并树立起更好的行业及企业形象，最终助力社会、企业和老年就业者等的多方共赢。

人力资源不足是长期困扰我国饭店企业发展的核心难题之一，并成了近些年来被该行业专家学者们广泛讨论的话题。从笔者近两年在北京市饭店业开展的调研结果来看，所有受访的企业管理者无一例外，均表示员工招聘难、流失率高是企业人力资源管理的最大难题，加之当前饭店行业自身经营状况不佳的影响，导致了人力成本高居不下且加剧了其在总经营成本中占比不断增加的趋势，这些情况归结为一点就是人力资源严重不足。

从破解人力资源不足问题的思路和途径来看，大致可分为四类：一是"开源"，即招聘到更多企业所需要的人力资源，比如与高校等人才培养机构建立合作关系，获取更多实习生和毕业生；二是"节流"，即设法降低饭店经营的人力资源配置数量，如一些酒店企业通过客户自助服务不断降低人房比；三是"增效"，即通过技术手段或激励政策提高单个员工的工作效率，如越来越多的企业开始通过领导力开展来提升员工群体的工作积极性和主动性；四是"保留"，即想办法降低员工离职率，如一些饭店企业通过与员工建立并保持良好的情感性关系来留住员工。笔者在这里想探讨的是"开源"这种思路中的一类人力资源获取来源，即老年人力资源。在笔者看来，老年人力资源是饭店企业需要予以重视但还未得到重视的、极为重要的人力资源来源类型。得出这种判断的依据在于，近几年在饭店行业的相关论坛中几乎都谈论到了如何获取、激励、管理和保留新生代员工的话题，还鲜有对老年人力资源开发和利用开展探讨的情况。

基于以上情况，笔者认为在当前饭店行业及其企业人力资源短缺的情况下，老年人力资源开发与利用是极其重要的途径之一，也是其他所有行业当前和未来一个时期的必然选择和重要趋势。针对饭店企业需要重视老年人力资源开发与利用，将从以下几个方面进行说明。

一、我国拥有数量丰富的老年人力资源，开发潜力巨大

目前国内一般把"60岁以上的具有劳动能力、正在从事或有意愿从事社会经济活动的人口总和"界定为老年人力资源，从这个界定标准来看，我国有着丰富的可供开发的老年人力资源。相关数据显示，2013年我国60岁及以上人口数量突破2亿大关，约为2.02亿人，老龄化水平达到14.8%；2014年末我国60岁及以上人口数约为2.12亿人，占总人口比重的15.5%；截止到2015年底，中国60岁以上老年人口数量为2.21亿人。若按2015年末我国60岁及以上老年人口2.2亿人估算，健康但未参与有收入工作或经济活动的60岁以上老年人口约达1亿人。这些数据一定程度反映出我国老年劳动力储量丰富但利用不足的现实状况，同时也表明，饭店企业完全能够将老年人力资源作为其获取充足人力资源的来源。此外，更为重要的是我国"未富先老"的状况导致养老已经成为国家、社会和家庭的主要负担之一，且实践证明老年人继续发挥"余热"参与社会经济建设，能够在减轻养老负担的同时更好地促进身心健康，并有助于社会和谐，因此如果饭店企业能够雇用更多的老年人力资源，也能够充分体现饭店企业承担着更为重要的社会责任，对树立企业良好的社会形象非常有帮助。

二、我国饭店行业老年人力资源占比偏低，有待重视加强

从我国老年人力资源在三大产业的分布来看，2000年的第五次全国人口普查的数据结果显示，91.13%的在业老年人力资源分布在农、林、牧、渔、水利业等第一产业。尽管近些年来随着我国产业结构的调整升级，老年人力资源不断向服务业为主的第三产业转移，但其比例依然较低。在饭店、餐饮、零售等传统服务行业的员工年龄结构方面，现阶段我国这些行业员工的年龄结构与西方服务业发达国家相比呈现出明显的年轻化特征，这种状况最直观的证据就是，在西方发达国家的这些行业能够见到数量众多的老年服务人员，而在我国则更多地能够见到年轻的服务人员。随着服务业的快速发展，服务业在GDP中的贡献率不断提升，商务部2015年的统计数据显示，我国服务业增加值占GDP的比重已经过半，达到50.5%，但相比较而言，服务业中老年人力资源的比重则严重偏低。这

种情况表明，饭店等传统服务行业需要重视并加强对老年人力资源的开发与利用，尤其需要注意的是，一方面其他很多细分行业企业已经开始意识到老年人力资源在其未来发展中的重要作用并开始着手争夺老年人力资源，另一方面西方传统服务业发达国家已经积累了丰富的老年人力资源开发与管理经验，这些情况说明了饭店企业需要增强这方面工作的紧迫感和积极性。

三、老年人力资源具有自身独特的优势，开发价值较高

从健康状况来看，随着生活和保健水平的提高，我国人口的平均寿命不断延长，相当比例的老年人在健康水平方面毫不逊色于年轻人。从素质水平来看，老年人力资源具有丰富的实践经验、人生阅历和人脉资源，且具有心理成熟程度高、责任心强、稳定性好等优势，而中青年劳动力在经验和能力上受到从业经历时间相对较短等影响，与老年人力资源相比存在一定欠缺。此外，更为重要的是，老年人力资源所具备的以上优势也决定了其开发成本相对较低，老年人在选择再就业的职业时往往会倾向于选择自己熟悉的、擅长的或者能够胜任的领域，老年人再就业时一般不再需要过多的岗前培训，这会为企业节省一大笔开支。从老年人力资源所具备的这些优势来看，它们在一定程度上恰好能够帮助饭店企业有效地破解年轻员工群体心智成熟度低、激励措施失效、稳定性较差等现实问题；也就是说，如果饭店企业能够通过适当的方式充分利用老年人力资源的优势，将有助于破解其面临的诸多人力资源管理困境。

四、老年人力资源能够胜任饭店企业很多工作，人岗匹配性好

从饭店企业所提供的工作岗位及其能力素质要求来看，存在着大量老年人力资源能够胜任的工作岗位，大致包括以下四类，第一类为特殊的管理岗位，例如工程管理、市场开拓等工作岗位。工程管理需要负责人具备较高的技术水平和丰富的专业经验，属于"越老越吃香"的职业类型，且该工作在很大程度上决定着产品设计、质量与成本控制，由经验丰富的老年管理者来负责是一种非常理想的选择。市场开拓需要丰富的人脉资源和高水平的谈判能力，年轻管理者往往需要更多的积累才能胜任，而从事此项工作的老年管理者则在该工作上具备明显的优势。第二类为负责监督的管理岗位，例如饭店日常经营中的监督检查、教育培训等。这些岗位需要管理者具有丰富的经验、较强的责任心和较高的威信，由企业退居二线但积极性高的老年管理者来负责非常合适。第三类为基础性的工作岗位例如后勤的保障性岗位（后厨整理、设备维护等）、基层的工作岗位（客房整理、

卫生保洁等）。这些工作对能力素质没有太高要求，但对员工的工作认真态度要求较高，同时这些岗位也是一些年轻员工不愿意做的工作内容，因此如果由素质能力相对较低但责任心相对较高的老年人来承担将是更好的选择。

五、结语

在当前我国老龄化趋势不断加快和银发浪潮影响不断增强的背景下，老年人力资源开发与利用必将成为各个行业获取充足人力资源的重要途径和必然选择。能够肯定的是，在未来一个时期，对老年人力资源的争夺将成为企业人力资源管理的重要内容之一，正如当前许多行业关注新生代员工招聘和管理一样的情形。与此同时，可以判断到的是，国家相关部门也将出台各种政策措施来不断提高老年人力资源的再就业能力，并鼓励企业采用各种形式雇佣更多的老年人力资源。

"凡事预则立，不预则废"，再次呼吁饭店行业及其企业深刻认识和准确把握我国劳动力年龄结构变化趋势，不断关注和重视老年人力资源开发与利用，在破解自身人力资源不足等现实难题的同时，也借此更好地履行社会责任并树立起更好的行业及企业形象，最终助力社会、企业和老年就业者等的多方共赢。

机器人在酒店中应用的再思考

李 彬

摘要：近日有互联网媒体报道，号称全球首家机器人酒店的日本怪异酒店"开除"了100多个机器人，再次引发机器人在酒店中应用的讨论。尽管近几年对这些机器人及其背后的新兴科技在酒店中进行应用的大势已形成共识，然而当日本的机器人酒店里的机器人遭到众多顾客差评并"下岗"后，当机器人的使用并没有在我国酒店全行业推开和取得良好效果时，需要我们再思考机器人在酒店的应用中存在的困境和风险以及相应的对策。

近日有互联网媒体报道，号称全球首家机器人酒店的日本怪异酒店"开除"了100多个机器人，再次引发机器人在酒店中应用的讨论。实际上，当前所讨论的机器人，是近几年伴随着人工智能、大数据、云计算、物联网、虚拟现实等新兴科技发展所驱动产生的新一代机器人。尽管近几年对这些机器人及其背后的新兴科技在酒店中进行应用的大势已形成共识，甚至个别媒体和资本方炒作"机器人替代人工""无人酒店""机器人酒店"等概念，然而当日本的机器人酒店里的机器人遭到众多顾客差评并"下岗"后，当机器人的使用并没有在我国酒店全行业推开和取得良好效果时，需要我们再思考机器人在酒店的应用中存在的困境和风险以及相应的对策。下面我们提出几点思考以引发酒店业界、学界的进一步关注。

第一，在酒店服务方面，人工智能驱动的机器人仍然存在人工智障的诸多问题需要深入分析解决。尽管人工智能和大数据等技术驱动的机器人的确在诸如迎宾、入住、送物品等若干服务项目上发挥了作用，然而在一些相对复杂的服务上仍然存在"智障"的表现，例如在对顾客临时需求的应对处理、对顾客情绪情感诉求的理解等方面，从而导致了顾客对机器人服务并不满意，甚至出现了大量投诉的情况。这一方面当然和新兴技术本身的成熟度有关，但另一方面也和顾客接受度、顾客群体特征与需求特征，以及应用方对工作任务、服务流程等方面仍需深入分析有关。例如，从需求侧来看，什么样的顾客更需要机器人服务？什么样的顾客不能由机器人来完成关键服务？何种服务需求必须由机器人来完成？何种服务需求不能由机器人来完成？从供给侧来看，何种服务接触或关键时刻需要何种技术介入？机器人在不同类型的服务任务中的角色和"摄入"程度是怎样的？笔者所在团队的一名老师曾发现，某国际著名酒店集团在奢华品牌的客房内采用了机器人服务，然而机器人的利用率和满意度都非常低。这实际上反映了机器人及其背后的新兴科技如何与酒店的服务场景深度融合的问题，对酒店的服务场景和顾客需求的深入分析是未来的一个侧重点。

第二，机器人在酒店中应用的商业模式需要创新。从当前机器人在酒店的应用现状来看，一方面大部分均为连锁酒店集团在使用，另一方面大多应用在任务复杂程度较低、与顾客和员工接触较少的服务领域，这反映出当前技术含量较高的所谓"高端"机器人的市场价格和成本相对较高，在我国广大的中小单体酒店、中高端精品酒店、精品民宿等类型的酒店中使用则仍有较大提升空间。由此，机器人研发厂商、各大酒店集团应当探索酒店机器人的商业模式创新，如可以借助共享经济、物联网＋租赁、供应链金融、用户参与的价值共创等商业模式创新手段，使得更多类型、更大范围的酒店在机器人的使用上有利可图，并且有较高的性价比和创造更大的价值。

第三，机器人在酒店中应用的法律法规、行业规范、行业标准等亟待完善。曾有报道说，英国某家酒店的机器人代客泊车，结果撞坏了旁边一辆豪华轿车，事后的责任认定和相关处理仍不完善。又如机器人及其背后的新兴科技在酒店服务中会涉及大量的顾客隐私信息和数据等，对于这些信息和数据的规范使用和法律保护则成了痛点问题。事实上，一旦机器人在应用过程中出现了较为严重的服务质量问题，甚至出现法律纠纷，如何来认定各方的主体责任、如何进行追责和处罚、顾客的权益如何保护、酒店方和机器人厂商的利益如何保护等问题，均需要政府相关部门、行业协会、研究机构等共同研究和推动相关的法律法规、行业规范、行业标准等出台，从而进一步引导、规范和完善机器人及其背后的新兴科技在酒店中的应用行为。

第四，机器人背后的"人才"培养和培训成为发展的关键问题。事实上，酒店机器人背后的本质仍然是"人"，是那些设计程序、开发软硬件和产品的"技术人才和产品设计人才"。如何来培养和培训这些机器人背后的人，已成为关键问题。酒店作为使用方，并不能控制机器人行为背后的"思考逻辑"，在机器人需要应变或者出现服务质量问题时，酒店方很难做出及时有效调整，事后的服务补救并不是最佳策略。因此机器人背后的工程师、产品经理起着更为关键的作用。然而，这一群体普遍缺乏对酒店行业、顾客需求、服务本质的深入了解，容易使得技术与酒店业务形成"两张皮"。由此，对旅游与酒店管理专业相关的高等院校、培训机构、行业协会等组织，对与机器人及其背后技术应用相关的人才培养和员工培训方面提出了新的要求，对酒店（集团）在招聘和使用这方面人才也提出了更高要求。

第五，机器人在酒店中应用所产生的社会问题、伦理道德问题，需要多方进一步关注和研究。机器人在酒店中的应用势必会产生对人员的替代问题，尤其是在劳动力密集型、对工作能力和技术含量要求较低的行业，这种趋势更为明显。据美国劳工部报告显示，餐饮和零售业的机器人使用已经影响到了基层员工的就业，特别是女性比例占近三分之二的工作领域。一旦机器人的应用过于盲目跟风和无序，很可能会产生劳资问题、就业问题以及员工歧视等管理伦理道德问题。酒店业作为劳动力密集型行业，在使用机器人的同时，更要未雨绸缪，密切关注和深入研究这些问题，让机器人在酒店业中的应用更加稳步有序，符合社会发展的合理化要求，这也是酒店行业在承担社会责任方面的应尽之责。

第四篇

创新与变革

懂你：抓住心才能打动人

李朋波

内容提要： 酒店企业该如何赢得新生代消费者群体？需求驱动产品与服务创新的基本逻辑告诉我们，"抓得住心"才能"打得动人"，即首先需要准确把握新生代消费者群体的需求与偏好特征，才能据此创新并提供满足这一群体的产品和服务，最后才能够赢得该群体的"芳心"。

近期某手机游戏广告颇为霸气地宣称该游戏"3亿年轻人都在玩"，作为一则产品广告为了达到吸引受众眼球的目的其数字想必是夸张了些，但却充分说明了年轻消费者数量的巨大及对产品成败的决定性力量。随着年轻人逐渐成为消费市场的主体，"得年轻人方可得天下"已经成为众多行业及企业的共识。

与其他行业面临的情形相同的是，酒店消费者群体在年龄构成上发生了重大变化，80后、90后乃至00后新生代逐渐成为酒店最主要的消费群体，这个群体背后代表着完全不同于以往时代的性格、文化和需求特征，这种变化对酒店业既是需要应对的挑战也是必须把握的机遇，赢得新生代消费者群体是酒店企业形成和保持竞争优势的重要途径。

那么，酒店企业该如何赢得新生代消费者群体呢？需求驱动产品与服务创新的基本逻辑告诉我们，"抓得住心"才能"打得动人"。我们首先需要准确把握新生代消费者群体的需求与偏好特征，才能据此创新并提供满足这一群体的产品和服务，最后才能够赢得该群体的"芳心"。

一、抓住心：新生代消费者群体的需求与偏好特征

如果要"画个像"的话，根据笔者近几年开展的调研，以下6个关键词可以从不同角度勾勒出酒店新生代消费者群体的需求与偏好特征。

1. 重体验。"任性"是新生代群体性格特征的一个重要标签，描述了新生代

对自己内心感受的重视，以及依据内心感受对事物做出判断或选择的特点；由于重视，新生代消费者很少会对内心"撒谎"，而是"言衷由一"，感受到什么就是什么。正因为对内心感受的重视和坦诚，新生代消费者更加看重酒店带给他们的体验，好体验即好产品、好体验即好服务等观念已经根深蒂固于他们的消费心理深处。且从 80 后到 90 后再到 00 后，对体验重视程度、表达即时性不断增强的趋势非常明显。根据笔者的观察和总结，具体来说，新生代消费者青睐的体验包括以下三个大的方面：其一，基于互联网移动终端的互动体验，即消费者通过手中的一部手机即可快速、便捷地实现他们消费酒店产品的诸多环节并获得一切有价值的信息；其二，基于产品和服务本身的体验，例如高品质的睡眠体验、影音体验、餐饮体验、快速响应热情细致的服务体验等；其三，基于酒店空间设计的体验，平面布置是否体现了他们的个性化需求、空间格局能否带来不一样的视觉冲击、装修装饰风格能否与消费者产生共鸣等。

2. 要品质。对体验的重视不仅没有丝毫降低新生代消费者对酒店产品与服务在品质层面的需求，恰恰相反，由于品质在消费者体验形成中具有基础性作用，他们对品质的追求同样强烈。需要注意的是，消费者体验的影响因素是综合的，主要包括感官冲击、功能性、使用性和内容等。笔者在近几年的调研中发现不少酒店尤其是中端精品、经济型酒店特别重视"面子"上的"感官冲击"，例如设计具有二次元特征的室内壁纸、营造热情奔放或温馨浪漫的情侣氛围等，但新生代消费者对不少这样的产品仍然评价不高，原因就在于更加本质的产品品质并没有提高。可以说，品质是酒店产品和服务不变的基础，新生代成为酒店消费主力军后，倒逼产品和服务品质提升是必然的趋势。我们开展的一项基于用户点评数据挖掘的研究表明，新生代消费关注的排名前 10 的酒店产品要素分别为床、卫生间、噪声、家具陈设、装饰、电视、网络、空调、热水和其他电器配置，其中前 5 项为客房要素、后 5 项为电器要素。

3. 显个性。随着酒店市场供需关系及企业—消费者力量对比的深刻变化，消费者需求个性化和多元化已经是无须讨论的基本特征，不同的是，新生代群体凸显自我的诉求要强烈很多，原因在于他们更加希望借助产品选择上的"不合群"来彰显个性。例如，有人喜欢高星级酒店的"高大上"，但却有不少年轻人厌倦了它的千篇一律转而去偏爱精品民宿的"小清新"。这种需求特征决定了单靠一种产品或者凭借特色不那么突出的产品，已经很难贴近新生代消费者的心。给酒店企业带来的挑战是，不能再试图用一种产品满足所有的消费者，"弱水三千只取一瓢"，转而需要更加清晰地找到某一特定的消费者群体，让产品有更加明确的定位，更加匹配于特定消费者的需求。那么，新生代的个性有哪些显著的特征呢？《中国青年报》一项调查表明，敢爱敢恨、理"财"有道、国际范儿、有自我要团队、反孤独、亲情现代观、动漫一代、清纯现代观、娱乐精神、热爱表现等是新生代个性特征的10大标签，酒店企业需要依据这些新生代的个性特征及其组合有针对性地开展产品与服务创新。

4. 有调调。满足新生代消费者的个性化需求依靠的是产品的差异化，不同产品间最高层次的差异来自文化，一家酒店有文化其本质在于这家酒店有某种调调，并由此散发出一种风格、感觉、特点和味道。为什么酒店一定需要有某种调调，原因在于新生代消费者本身就拥有着或努力培养自己的调调，例如音乐要听古典乐、读书要读昆德拉、咖啡要喝星巴克等，都是通过调调来凸显自我，消费者有个性使得产品也需要有个性。酒店的调调从何而来呢？从建筑空间的文化属性来看，正来自酒店内外部空间所具有的格调以及由此营造出的氛围，这种格调与氛围让消费者产生了一份"朦胧的美感"。例如，精品酒店品牌亚朵的崛起正是通过一书一茶的静谧，让旅人在繁杂的生活中体悟亚朵村纯净的眸子，身处他乡却温暖幸福，通过清新舒适的环境、雅致开放的空间、真诚有爱的服务、人文气息浓厚的书籍、记录属地人文的摄影作品等形成了独特的调性，从而受到了众多新生代消费者的追捧。

5. 够好玩。"无趣""乏味""单调"等是新生代消费者最不愿听到的字眼，"好玩"成了新生代群体判断事物的重要标准，"不好玩"对他们而言，意味着"没意思""无兴致""没情况"。对新生代消费者而言，酒店产品除了功能好、品质佳之外，"够好玩"成了打动他们"芳心"的关键附加价值。要想让新生代消费者觉得产品"够好玩"，酒店得让他们"有得玩"，即设计并提供能够激发他们兴趣的场景，然后再通过一切可能的创意吸引他们去体验这些场景并找到乐趣。在场景的设计方面，从用户进入酒店开始到离开酒店为止的每个环节都可以作为场景来对待，例如，和颐至尊酒店设置的社交客厅可以让顾客参与所在城市的生活方式、智能书房展示并提供各种充满科技元素的智能产品等。此外，互联网技术的兴起使得酒店能够全方位打造互联网消费场景，给新生代消费者带来的最大价值正是"好玩"，例如，一些酒店利用微信应用程序，可以完成选房、支付、开门、取电等流程，通过手机应用程序能够实时掌握房间的温度、湿度和空气质量等，实现了科幻大片中的诸多情景。

6. 觅社群。"不合群"是为了凸显自我，同时新生代消费者"合群"的心理和行为特征亦非常突出，但他们不是违背内心刻意迎合别人来获得合群感，而是希望找到那些和自己有着相似价值观念、生活态度、性格特征、兴趣爱好的一群人，并通过互动形成一个具备特定标签的社群。从这个特征来看，新生代消费者选择一家酒店，很大程度依据的是这里是否会有很多和自己相似的人、是否会有很好的互动交流等。"不是一家人不进一家门"，新生代消费者的这一特征也决定了酒店企业需要更加重视酒店建筑空间的社会交往属性，而不能仅停留在使用功能属性，这也正是近年来"社交型酒店"兴起的原因。在社交空间设置上，包括会客厅、咖啡厅、餐厅、酒廊、书吧乃至走廊的开敞空间都可以考虑通过社交主题打造来满足顾客的社交需要，此外还可以针对目标消费者群体特征适时组织形式多样的社交主题活动来吸引、促进顾客间的交流互动。

二、打动人：赢得新生代消费者群体的产品创新策略

勾勒出酒店新生代消费者群体的需求与偏好特征是第一命题，紧接的第二命题就是酒店企业如何在此基础上开展产品创新来赢得新生代消费者，这是一个非常复杂的命题，这里仅提供以下理念层面的策略。

1. 品质标准化＋产品多样化。在笔者与一些行业人士的交流中，大家常常觉得"标准化"与"个性化"是一对难以调和的矛盾，标准化意味着无论何时何地产品和服务是一致的，给消费者带来的是可信赖的安全感，而个性化则会因时、因地、因人而权变，意味着不同和变化，往往隐含着权变不当而带来的风险。从以上新生代消费者需求与偏好的关键词中可以看出，他们既重视品质也追求个性，品质是不变的基础，而产品形式则需要通过多样化来满足他们的个性化需求。那么在当前时代，标准化就不能再停留在产品本身的标准化，而需要采取"品质标准化＋产品多样化"的融合策略，即在保证品质一致性的基础上为新生代消费者提供差异性的产品，或者说面子上的产品形式可以是多样的，而内在的品质无论在哪里都需要保持高水平。如此一来，就实现了"标准化"和"个性化"的统一，例如，万豪酒店敏锐地判断未来更高比例的目标客户将变成千禧一代，并据此推出了设计更加时尚、服务更加多元、社交属性更强同时价格也更亲民的ACHotel这一精选品牌，但该品牌产品却保持着万豪始终不变的高品质标准；亚朵酒店特别强调通过文化和格调来引领一种新生活方式，但也会让顾客感叹其品质丝毫不比星级酒店差。说白了就是将"里子"作为"面子"的基础，做到"里子"和"面子"的融合。

2. 定位精准化＋调性主题化。个性化和多元化的需求特征决定了用一种产品来满足所有新生代消费者的需求是不现实的，以往按照满足大多数消费者需求

的思路往往只能产生平庸无特色的产品,如同做一道满足所有人口味的菜,其结果很可能是不伦不类、食之无味的"杂烩"。在此情况下,酒店产品不能过多地"顾全贪多",转而需要在目标市场与用户上做减法,精准到某个产品就是针对某个特定市场或人群的,而绝不是为了满足所有消费者的需求,更不会为了博得目标人群之外的其他消费者的青睐而随意改变。在产品定位精准化的基础上,打动某一特定的新生代消费者群体的关键在于打造符合他们需求特征的调性。相同的逻辑,酒店产品的调性需要有清晰和明确的主题,这个主题需要成为引领产品设计、渗透到"骨子里"的"灵魂"。做到定位精准化和调性主题化均并非易事,对于前者,酒店企业一方面需要回归并回答"我们是谁""他们(目标顾客)是谁""我们能为他们创造怎样的价值"的基本命题,有时还需要企业做出根本性变革,另一方面,面对极端零散分布的目标消费者,酒店企业需要具备抓取到足够数量顾客的能力;对于后者,则需要酒店具备较高的产品设计能力、文化营造能力、信息传达能力,兼备了这些能力才有可能形成主题鲜明的产品调性并有效地传达给消费者。目前国内采用该策略并取得成功的酒店越来越多,举一个再普通不过的例子,总部位于青岛的一家名为"青年·都市迷你"的酒店品牌将其消费者精确地定位为"二十来岁的你",将"时尚""灵动"和"个性"奉为产品设计的灵魂,并成功地向消费者传达出"氤氲年轻活力·传递乐活文化"的产品特质。

3. 交互游戏化+空间社群化。鉴于"有趣"是新生代消费者群体的重要诉求之一,酒店企业需要想方设法让产品与服务变得充满趣味,基于游戏化的交互成为达成这一目标的重要途径。"有趣"的前提和基础是提供充足的与消费者间的互动,在内容上可以是消费者与人、产品、服务等之间的互动,在流程上可以设置在销售、入住、结算、客户关系管理等,一句话,可以充分发挥想象力让与消费者有关的一切事情变得有趣起来,而不是冷冰冰的"来了—住了—走了"。例如,北京有一家名为"8号学苑"的80后主题餐厅,将场景设置为80后一代人的课堂而受到热捧,这样的创意完全可以运用到酒店的场景设置中。此外,"有趣"还来自对未知的探索,酒店可以设置更多让消费者能够自主"把玩"并获得发现的快乐的设施设备等。最后,在酒店空间设计中要充分考虑新生代消费者对社群归属和社会交往的重视,根据目标消费者的需求及特征设置能够促进他们之间交流互动的公共空间,同时也要重视线下实体社群空间与线上虚拟社群空间的融合,通过这种融合使得酒店打破空间边界转而成为新生代消费者交流的平台,并在此过程中提升酒店品牌。

三、结语

新生代消费者群体的崛起及带来的挑战与机遇,是当前酒店企业面临的一项重要议题,也是一个需要进行系统探讨的命题,笔者的分析是远不够全面的,破解这一重要议题需要行业实践者和研究者持续进行共同探索及知识贡献。

最后需要特别强调的是,商业活动及其决策的情境是复杂的,这种复杂性决定了没有任何一种策略是放之四海而皆准的,新生代消费者群体的崛起使得情境变得更加复杂。酒店企业需要根据发展战略、产品定位、所在地区特点等,权变、灵活和有选择地开展产品和服务创新来赢得新生代消费者。说到底,企业努力形成依据内外部情境制定或调整策略的动态能力,才是更有效、更持久的高层次策略。

短租鼻祖Airbnb：让爱成为生产力

刘春燕　秦　宇

内容摘要："你要有爱，你的产品和服务才能有爱，用户才会爱你，让爱重新成为生产力。而这其中，关注消费者的住宿需求和体验，便是重中之重。"

众所周知，在2014年，Airbnb标志性的蓝色被修改成了红色，因为红色可以更好地代表爱和感情。这个估值几百亿美金的公司花了1年时间来更换产品的视觉形象。Airbnb用户增长部门的产品经理Henry Tsai对此阐释道，"Airbnb的品牌形象重塑是想让自己变得温暖，从而希望与用户建立起情感联系。"Airbnb希望达成的情感联系当然不仅仅体现在形象上，只要你用过，短租鼻祖Airbnb的爱与人情味便会在你体验的点滴细节中体现得淋漓尽致。

一、Airbnb如何让爱成为生产力

首先，Airbnb的爱与人情味体现在Airbnb团队会时刻关注顾客的需求，注重保持密切联系，并在细节上给予顾客惊喜。例如，在房东成为Airbnb房东一周年的时候，Airbnb团队会给房东发一份邮件，目的是告诉房东在过去一年中接待了多少间夜住宿，这些顾客来自多少国家。但是，在提供这些信息的时候，Airbnb的邮件会首先认可房东为房客所提供的服务和互动，例如，提供了多少条干净的毛巾、与房客分享了多少杯咖啡、有多少房客曾在这个街区散步等，以此引出对房东周年纪念日的祝贺。做到这样的细节，如若是你，也会被它浓浓的爱与人情味所感动。

> Shu，您好：
> 自您加入Airbnb开始出租房源起，已经过去了整整一年的时间！您为房客摆放了多少次干净的毛巾，您和房客分享了多少杯咖啡？有多少房客曾在您所在的街区散步，就好像他们原本就住在那里？我们可以替您回答最后一个问题：您今年迎来了来自29个不同国家的53位房客，并总共接待了183晚住宿！我们认为这是一个值得庆祝的日子。在此祝贺您，Shu。祝您成为房东一周年纪念

日快乐!
祝您冒险愉快!

Airbnb团队

其次，Airbnb 的爱与人情味也体现在其强调建立联系性情感的个性化客服上。曾在网上看到过一个 Airbnb 的房东描述自己打 Airbnb 客服电话的经历，接电话的人有着标准的美国口音。Airbnb 的客服并不是常见的那种海外外包呼叫中心，而是开在美国本土的。这会让房东觉得在 Airbnb 上挂房是一件靠谱且有安全感的事情。在挂完电话后，房东收到了一份来自 Airbnb 客服的邮件，邮件结尾，客服写到"顺便说一句，刚才电话里面没来得及说，你头像里面的猫咪非常可爱"。相信各位一般见到的客服邮件永远是礼貌而不多说任何一句话的，而 Airbnb 的客服显然超越了这种仅仅只是关心房东把房子租给了谁的纯粹业务上的联系，而更像是老朋友的感觉，给人一种温馨和谐的合作氛围。

再者，Airbnb 的爱与人情味还体现在它对房东/租客的"用心"上。Airbnb 关于房东/租客与 Airbnb 之间的故事的视频，不仅增加了观众用户与品牌之间的情感勾连，更是通过房东和租客的真实故事，做了一个人情味十足的差异化证明，同时也为品牌做了宣传。视频对于同一个故事，从房东和租客两个角度进行展现，在吸引租客的同时，更吸引了房东入驻平台。Airbnb 用视频的方式来呈现令人向往的场景和风土人情，也给房屋这种物理空间增添了温度、爱与人情味。

最后值得一提的是 Airbnb 一年一度的房东大会——Airbnb Open。在这个会上，你会听到很多关于房东/房客分享的感人故事。2016 年的这个大会上，来自 100 多个国家的 6000 多位房东都聚到洛杉矶，"热闹了"整整 3 天。Airbnb 的房东和房客们，有明星、有朴实的普通人，大家在一起分享了很多有趣或感人的故事。例如，在房东大会的讨论会上，有人分享，要是来住的房客是中国客人，你可以为他们准备点"老干妈"，在场的其他房东瞬间拿出个小本本把这个信息记录下来，还很好奇地去了解"老干妈"到底是啥。在 3 天大会现场，还有各种各样来自世界不同地方的文化活动，让来参加的人玩得不亦乐乎。有各种手艺人做的超精致的小玩意，还可以自己做一个有着纪念意义的茶包，带回家收藏……这些房东与房客的表现说明 Airbnb 宣扬的爱与人情味已经开始深入人心，同时也增加了其顾客黏性。在 Airbnb 之前，谁能想到，最简单的房东、房客关系，也能这么有温度。

二、Airbnb 为何能把爱变为生产力

那么，为什么爱与人情味在 Airbnb 会得到如此的重视呢？

首先，从创立伊始，Airbnb 就携带着"人情味"的基因。创业伊始，它的创始人从山景城到纽约，去拜见每一位房东，住在每一位房东家并为其写上第一个评论。他们还帮房东拍照片（因为那时候 iPhone 还没出来，很难将照片传到电脑中），并询问房东，"如果有个按钮，你点一下，摄影师就上门来拍照片，怎么样？"房东们都爱这个主意。创始人从朋友那里借照相机去为房东服务，当房东知道摄影师就是创始人的时候都很惊讶，但就是通过这样亲自一个接一个地拜访房东，第一批房东爱上了 Airbnb。而公司从让 100 人热爱到让 100 万人热爱，离不开 Airbnb 创始人传导给全公司所有员工的"人情味"基因。

其次，Airbnb 高度重视客户体验部门。仅从客户体验部门招聘的职位来看，就可以看出这一点，客户体验业务分析师、客户体验全球服务经理、客户体验合作伙伴培训主管、客户体验付款专员、客户体验质量保证专家等，一切职能都服务于一个目的——更好的客户体验。对于候选人，公司指出，"我们需要的是这样的人：对人际关系和行为心理学充满热情，热衷于为复杂形势找到创意解决方案，并将每一个不满意的客户视为获得忠诚客户的机会……"应聘者还需要有丰富的旅行经历，因为只有体验过，才能够更好地站在顾客的角度，更好地为顾客服务。因为 Airbnb 特别重视客户体验并设置了专门的机构和流程来确保客户体验，爱与人情味才不会停留在口号层面，而是能够通过顾客的体验被感受到。

最后，Airbnb 颇具人情味的一个原因还在于其员工的自驱力很强。据一个曾在 Airbnb 任职的工程师介绍，"Airbnb 有一个企业文化，那就是，公司绝大多数的工作和任务都是由员工自发进行，并驱动完成的。Airbnb 的公司使命，就是让人们居住在世界上任何一个地方的时候，都能感觉像在自己家里一样。不过，你肯定想象不到，Airbnb 公司是一个没有'组织架构'的企业，整个公司完全是由激情组合而成的。"我们可以想象，在一个层级森严、管理严厉的企业中，我们可以强力要求员工在与顾客打交道的时候体现出人情味，姑且不论是否能够做到，即使能够做到，我们相信，也不会是发自内心的。正因为 Airbnb 给予员工一个自发、自主的工作环境，在这样的环境中工作的员工才会自发自主地践行公司文化和价值观，自然而然地"富有人情味"。

三、结语

Airbnb 对于"爱"的诠释,对于消费者的人性化、个性化服务的理解值得传统酒店学习。"你要有爱,你的产品和服务才能有爱,用户才会爱你,让爱重新成为生产力。而这其中,关注消费者的住宿需求和体验,便是重中之重。"

人工智能来袭：酒店行业会如何改变？

雷 铭

内容提要：2016年以来，人工智能（Artificial Intelligence，AI）的爆发受到了全世界的关注。从震惊全世界、下遍全球无对手的棋王AlphaGo，到《最强大脑》舞台上屡屡挫败脑力强者的小度，人脑与机器脑的较量已经在各个领域展开。2017年7月20日，国务院印发了《新一代人工智能发展规划》，认为人工智能的迅速发展将深刻改变人类社会生活、改变世界，因此将人工智能发展作为国家重大发展战略。那么，在人工智能浪潮下传统的酒店行业将发生什么改变呢？人工智能的未来发展会让酒店员工面临大面积失业风险吗？

一、什么是人工智能？

从科学的角度来说，人工智能是使计算机来模拟人的某些思维过程和智能行为（如学习、推理、思考、规划等），制造类似于人脑智能的计算机。从应用角度来说，人工智能的应用包括机器人、无人驾驶、语言识别、图像识别、自然语言处理和专家系统等。

目前，人工智能的应用有低级和高级两个层面。低级层面的机器人出现多年，扫地机器人、炒菜机器人已经进入了家庭、酒店、餐饮企业的实际应用中。高级层面的人工智能，依托于现代科技的迅猛发展，融合了机器学习、深度学习、大数据、超级计算、互联网、脑科学等新理论新技术，智能监控、工业机器人、服务机器人、无人驾驶等开始逐步进入实际应用。但是，由于理论和技术的限制，高层次的人工智能进入酒店行业还需要若干年的时间。

二、人工智能取代酒店低级工作岗位不可避免

有研究称，未来10到20年，有近一半的工作岗位有可能被技术或者自动化

取代,其中,住宿与餐饮服务业用自动化代替人工的比率最高,居于所有行业之首。

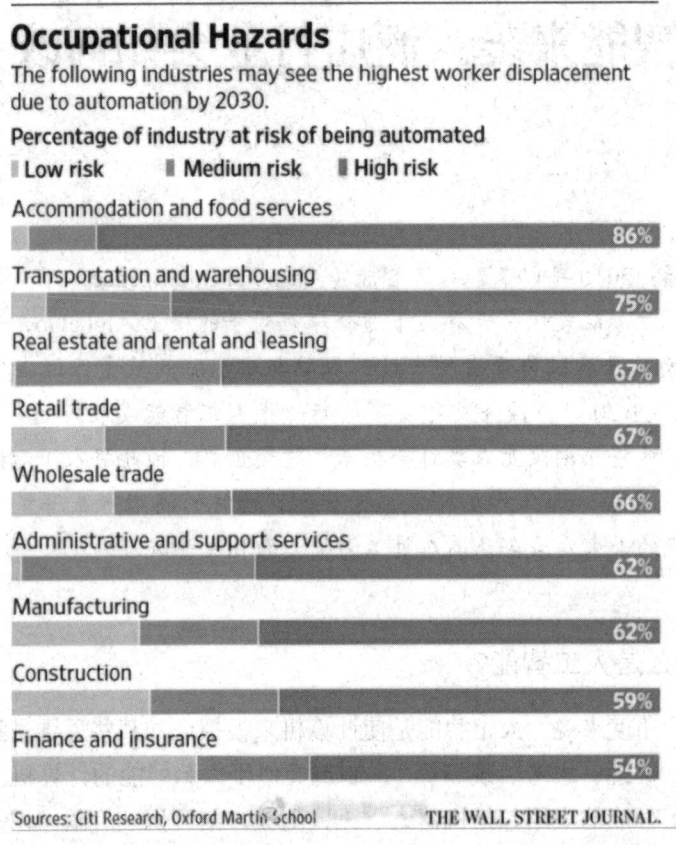

图1　截至2030年上述行业的自动化机器替代人工比例较高

通过几十年的发展,ATM(自动存取款机)已经大量取代了银行柜员的存取款业务,我们也习惯于小额现金的存取款使用ATM。作为连锁零售行业巨头,美国沃尔玛公司已经引进了一个灰色机器,用于清点现金、通过数字方式往银行存款、并通过软件预测某日的现金需要量。这台机器使得数千个工作岗位被淘汰。最近马云的无人超市开张,收银员、点货员等低级岗位已被人工智能技术取代。

随着科技的进一步发展,人工智能也会慢慢渗透进入传统的酒店行业。就像十几年前OTA进入酒店行业一样,技术对酒店行业的改变将会是必然的、不可逆的,同时是颠覆性的。传统酒店行业中的重复性劳动工作应该同时也将不可避免地让技术取代。行李员、送餐员、洗衣员、保安员等这些工作被机器取代，对提升酒店效率、改善顾客体验未必不是一件好事。酒店管理者也能集中精力改善人力资源配置，劳动者有更多闲暇时间用来创新、改革、思考。不过，酒店行业作为传统的劳动密集型产业，主要是通过人与人接触提供对客服务，所以，直接面对客户的服务岗位不仅不会被取代，反而是未来企业应该重点布局人力资源的岗位。

三、人工智能无法取代酒店高级服务岗位

酒店行业的核心价值在于提供让顾客满意的服务，而情绪劳动在其中起到很大作用。人工智能由于受限于理论和技术的发展，目前部分认知能力的发展与人脑相匹敌，但是对情绪的识别和应对还与人脑相距甚远。情绪在人与人的交往过程中起到至关重要的作用，情绪研究者更认为情绪管理和表达对个人、企业乃至社会起到至关重要的作用。因此，人工智能可能取代那些通过简单学习和操作即能胜任的工作，但是对于需要核心认知和情绪能力的工作，人工智能永远也不可能代替人类。

总之，拥有类人脑的人工智能会改变酒店行业的工作，酒店从业者也应该积极地拥抱并适应改变。但是，酒店行业的核心还是人，高能力的酒店管理人才永远不会过时。人工智能可以使酒店从业者有更多闲暇时间用来创新、改革、思考，解决行业的关键问题。在人工智能发展如火如荼的今天，我们应该积极了解新技术、引入新技术、掌握新技术，让新技术为酒店服务，而不是被动地等待人工智能来颠覆酒店行业。毕竟，OTA带给我们的经验教训还没有过去，在下一个人工智能时代，如何适应新的改变还需要深入思考。

快闪酒店：住宿时空的重新定义

刘玲燕　张　超

内容提要：从安缦的帐篷度假村到威尔士的 Epic Retreats 酒店，近年来，快闪酒店悄然兴起。相对于传统酒店，快闪酒店旨在拓展传统酒店在时间、空间以及应用场景上的适应性，被称为住宿时空的重新定义。本文将对快闪酒店的类型、范畴进行概括性总结，重点探索快闪酒店相对传统酒店独特的价值诉求点，最后，会结合我国的具体环境，分析快闪酒店在发展过程中需要重点关注的问题。

相信很多酒店人都会面临这样的困境，客源不足，空房闲置率过高，或客源旺盛，受有限客房资源的刚性约束，难以满足需求。在市场需求瞬息万变的现代社会，伴随着各类短时性节事活动、体育赛事的增加，酒店市场对满足即时性激增需求的住宿设施的呼声越来越高。不久前，威尔士政府斥巨资打造了一座只开放50天的快闪酒店——Epic Retreats。今年年初，一直走在行业创新前沿的万豪酒店集团也专门开设了"快闪酒店"的实验室，旨在拓展传统酒店在时间、空间以及应用场景上的适应性，完善万豪关于未来酒店的系统化产品与服务体系。那么，"快闪酒店"究竟是什么呢？相比起传统酒店，快闪酒店独特的价值诉求点究竟在哪里呢？

一、快闪酒店是什么

快闪酒店（Pop-up Hotel），又名即建即拆酒店。它由模块化房间组成，随用随建，哪儿有客人，房间就建到哪儿，十分灵活便捷。快闪酒店可以是搭建在户外的帐篷、小木屋，也可以是一个集装箱、一台房车，甚至是一个气泡（透明薄膜）。主要类型可以概括为两种，第一种是"可移动度假屋"，致力于改变传统酒店在空间上的固定性，往往搭建在风景优美的景区或者度假区；另一种是

"即时性节庆赛事住宿产品"，主要增加传统酒店在时间上的弹性，满足区域激增的即时性住宿需求。快闪酒店最早发源于英国，在英国伦敦峰会期间，以及最大的音乐节——格拉斯顿伯里音乐节举行之际，都有快闪酒店为人们提供即时便捷的住宿。

一、快闪酒店优势在哪里

"快闪酒店"设备齐全，外部由帐篷、集装箱、小木屋等构成独立的空间，内部则配备了气垫床、照明灯、简单家具。它甚至能根据客户需求配备游戏室和娱乐区，相比起普通露营住宿设施，快闪酒店能够更全面地满足住客需求。相对于传统酒店，快闪酒店突破了固定化时间、空间和服务场景的限制，在以下方面表现出显著的优势。

优势一：快闪酒店超越地理限制，满足区域即时性的住宿需求。传统酒店在选址上往往固定，需要"等客上门"，而快闪酒店十分灵活，可以根据顾客的需求进行灵活的时空位移。在一些大型赛事活动举办时，以往即使酒店房价大幅上涨房间仍然供不应求，快闪酒店则满足了这种区域激增的即时性住宿需求。在快闪酒店出现前，人们参加英国格拉斯顿伯里音乐节时，只能委身于沾满泥巴的涤纶材料帐篷、睡袋和免洗洗发水。自从"快闪"酒店在音乐节出现后，客人则可以享受到全新亚麻材质的床单、蓬松的枕头、整洁的卫生间以及24小时不间断的电力供应。

优势二：快闪酒店不需要固定的物业，运营成本低，性价比较高。传统酒店的物业一般都采用自有或租赁的模式。相比起传统酒店的高物业成本，快闪酒店只需要向场地交纳少量的租金。传统酒店的物业建设时间长，而快闪酒店则可以随用随建，一般只需要几天或几周的时间就可搭建完成。伦敦奥运会期间，当地的酒店挤满了来自世界各地的旅游者，酒店出现了"一房难求"的情况。在这种情形下，新建一家常规的酒店无疑是不可能的，然而，英国的Snoozebox公司却另辟蹊径，用48个小时在伦敦建造了一个临时性的拥有320间客房的集装箱酒店。这满足了顾客的基本住宿需求，而且顾客只需要支付相当于传统酒店同等面积客房不到1/3的租金，价格相比起传统的星级酒店优惠很多。

优势三：快闪酒店与周围环境融合程度高，"令人住进自然里"。相比起传统酒店，快闪酒店可以根据当地实际情况做一些个性化的设计，如在草原地区设计成帐篷酒店，在森林里设计成小木屋，在湖边则设计成气泡酒店等。快闪酒店主打与周围环境的融合，将酒店搭建在自然环境中，做到了自然景观与舒适入住体验的有机结合。安缦的帐篷酒店度假村位于印度拉萨布罗国家公园,德国的"童军旅树屋"把房间搭建在树林里,法国普罗旺斯的"气泡酒店"则建在薰衣草田,我国的移动美景度假屋 Imbox 坐落在嘉兴九龙山景区里,处处将湖光山色揽入眼底。此外,参加音乐节之类的狂欢活动,就近住在快闪酒店,也可以使人们近距离感受到活动的氛围,大大丰富人们的视听体验。

最后,快闪酒店提供了更为开放的平台,可更好地满足人们的社交需求。传统酒店注重独立的空间,多采用房间把客人隔离开来,员工也有自己的专门通道,以确保不对客人造成干扰。快闪酒店则更强调"开放"的理念,客人除了有自己的独立空间外,还能与同伴们一起共同享用快闪酒店的餐厅、厨房、酒吧、休息区等设施设备,从而,客人与客人,客人与员工之间的接触会更多。去年 8 月,北京延庆举办了一场山谷民谣音乐节,许多歌迷们选择了入住 WOWCAMP 公司推出的快闪酒店——营地野奢帐篷。一群喜欢民谣音乐的朋友们聚集在一起,聊天,听音乐,更像是一个大 Party。

三、快闪酒店在中国

相比起传统酒店,快闪酒店具有其独特的价值诉求点。近年来,国内也涌现了不少敢于"吃螃蟹的人",比如"IMBOX"美景度假屋、"WOWCAMP"营地酒店都是快闪酒店中优秀的代表。然而,总体来看,我国的快闪酒店尚处在早期的探索阶段,在运营过程中仍需要重点考虑以下问题:

1. 土地使用权。快闪酒店类型之一的移动度假屋一般搭建在风景优美的度假区、公园,然而,这些区域土地的使用有其独特的条例,快闪酒店在搭建前应明确当地土地使用权的相关规定。

2. 环境保护。快闪酒店注重与周围环境的融合,然而,人流的涌入也带来了生活垃圾、废水、噪声的产生,如何妥善处理好酒店与自然环境以及当地社区的关系,是快闪酒店需要关注的一大要点。

3. 交通运输。快闪酒店是移动、即拆即建的酒店,酒店内的设施设备转移过程高度依赖于交通网络的支持。然而,在我国,部分风景优美的景区,可进入性不强,交通并不是很便利,这也成为制约快闪酒店发展的一大瓶颈。

四、结语

"快闪"酒店很好地解决了传统酒店的一些痛点,如时空限制、物业成本高、住宿体验单一、社交需求与客人隐私保护存在矛盾等诸多问题,大有走红之势。然而，我国的快闪酒店仍处在起步阶段，仍需要妥善解决土地使用权、环境保护、交通运输等问题。在快闪酒店的具体运营过程中，也需要考虑到季节、气候、安全以及能源的因素。如何建设运营优质的快闪酒店，如何将快闪酒店和传统酒店业务进行糅合并体现优势互补等诸多问题，还需要酒店人的智慧和努力。

酒店与IP如何碰撞出火花？

陈 阳 秦 宇

内容提要：亚朵的"网易严选酒店"让最近的IP酒店火了起来，IP尽管兴起于影视行业，但如今影视行业的IP热稍稍冷却了下来，回归原创，开始重视原创的力量。与此同时，旅游酒店行业的IP热却刚刚兴起。那么，酒店行业如何与IP碰撞出火花，从而打造行业新势力呢？我们拭目以待。

IP一词来源于英文单词"intellectual property"，意为"知识产权"。最早出现于2013年11月的一篇文章"本土IP中国风格《喜羊羊小顽皮》诞生"，之后在2014年1月腾讯游戏召开的一次行业峰会当中，提到采用"优秀IP引进""腾讯自有IP打造""IP合资开发"三种方式来打造IP。自此，IP成为一个热词。作为一个本土化的概念，我们应如何定义IP作为"知识产权"的这一定义呢？互联网IP商业创新机构场景实验室创始人吴声在其《超级IP：互联网新物种的生存法则》一书中给超级IP下定义，即有内容力和自流量的魅力人格。此外有人将IP定义为有着独立人格魅力，并形成一个拥有相同兴趣或价值观的社群，用户的参与感最终转化为消费。

IP在游戏、动漫、影视行业发展得如火如荼，如今这股风也蔓延到旅游酒店行业。亚朵酒店率先将酒店与IP结合起来，亚朵S·吴酒店、The drama酒店以及最近刚开业的杭州滨江亚朵S·网易严选酒店，都是酒店+IP的产物。除此之外，景域集团董事长洪清华提出"旅游+IP"发展模式，其首个IP矩阵项目落地江苏赤山湖国际旅游度假区，首创"IP+网红景区+网红酒店+网红美食+网红体育+O2O渠道+分时度假+文创+X"的全新开发模式，成为中国网红IP聚集区和品牌度假体验区。一时之间，旅游酒店行业都在思考如何跟进IP热，如何与IP合作达到共赢。

然而，这样的"IP热"热闹背后是否会带来行业持续健康的增长呢？在盛极"一时"之后呢？究其本质，IP 背后的逻辑是什么呢？其价值观又是什么呢？前漫威画师、现 Black Dragon 创始人 Walter McDaniel 在 2015 年接受采访时一针见血地指出："真正的 IP 是可以永久存活的。中国目前的 IP 不能叫作 IP，只能叫品牌。品牌有生命周期，到了一定时间会死亡，但 IP 不会。""真正的 IP 有自己的价值观和哲学。"Walter 曾参与几乎所有知名漫画的创作，是漫威 2 个作品的主画师，对内容生产以及 IP 有着深入的理解。

因此，酒店行业在 IP 这一新生事物面前要思考这样几个问题：

一、IP 热值不值得跟风

虽说现在 IP 热背后虚火旺盛，但依然值得跟风。短期来看，IP 能带来经济效益和话题热度。如今热点易爆也易散，博人眼球获取关注度的难度也越来越高。IP 具有自带流量且短期利益号召力强大的属性，与这样生命力旺盛的新生事物相结合能够给传统的服务行业比如酒店带来新的生机，突破原有的酒店行业生存逻辑，实现转型升级。

二、盲目跟风还是理性跟风

酒店在选择合作 IP 时要确定两件事情：IP 的成长逻辑是否与酒店发展逻辑相匹配？IP 的受众是否与酒店会员大幅重合？真正的 IP 是会自己生存下去的，它有一套自我成长体系。酒店要做的是借助 IP 的成长促进自身成长，同时自身成长也为 IP 增添丰富的内容，二者是相互促进、互利共赢的关系。此外，会员画像的重要性也不言而喻。如果一个主打高端商务的酒店推出"熊出没"的 IP 房间就让人很匪夷所思，这不是打造 IP 酒店，这是自毁形象。会员画像与 IP 受众重合度高，则二者合作是锦上添花。因此精准的会员画像是酒店寻求 IP 合作的前提。

三、有 IP 合作就一劳永逸吗

借 IP 成 IP 是酒店的终极目的。酒店企业自身成为一个真正的 IP，有生命力和创造力的 IP，这才是 IP 合作道路的终点。酒店要 IP 合作，也要自建 IP。自建 IP 与 IP 合作并不冲突。在调性一致的前提下，模糊的"自 IP"会在与"它 IP"合作过程中逐渐清晰，对受众来说也是一个潜移默化的接受过程。

四、那酒店如何自建 IP 呢

沈浩卿在《超级 IP：互联网新物种的生存法则》一文中提到超级 IP 的核心要素有四个，最内层是价值观，其次是世界观，再者是故事，最外层是形象即呈现形式。沈浩卿对 IP 的世界观和价值观的阐述对应到企业上来更像是企业的愿景和使命，而每一个酒店企业都有自己的愿景和使命。从企业创立之初，创始人就会制定出企业的愿景和使命，虽然随着时代的发展其阐述的语言会发生变化，但基本的核心原则是不会变的。因此，酒店在自建 IP 的过程中值得学习的是故事和形象的呈现。

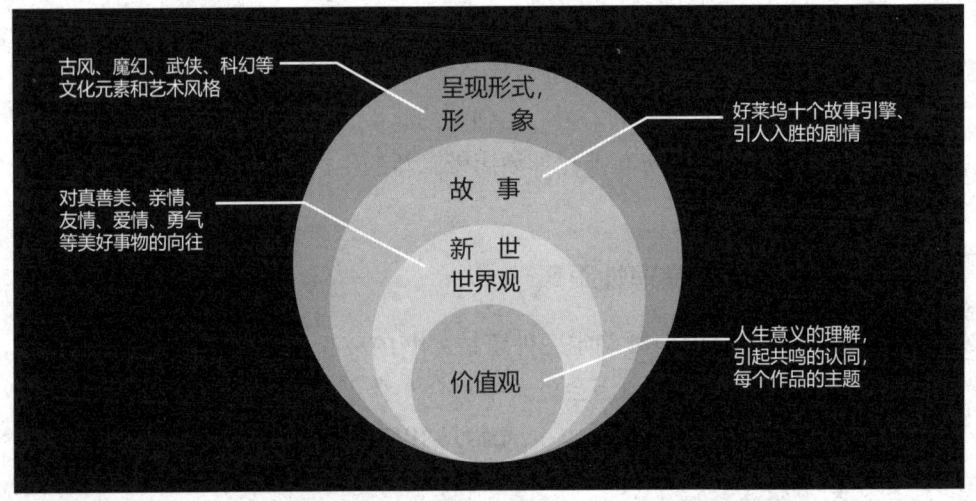

图 1 超级 IP 的核心要素

资料来源：《超级 IP：互联网新物种的生存法则》

有一个形神俱在的形象。从最表层的形象说起，IP 的形象应该是具体化、人格化的形象。酒店行业中率先创造出企业形象代言人的是布丁酒店，其企业形象代言人"阿布"是一个橙色的小人。阿布渴望与年轻人交朋友，性格多变，时而活泼时而小清新时而忧郁，展现了布丁酒店时尚乐活的居住理念。布丁酒店想要成为一家年轻人都喜欢的酒店，阿布的诞生正是酒店与顾客之间交流和沟通的强力纽带。

有一个深入人心的故事。检验是否是 IP 的一个标准是品牌的黏性——顾客是否忠诚于品牌，理解品牌背后的故事，并践行品牌的内涵。这需要酒店创始人和管理者将酒店的故事完美地传递给顾客。传递故事，要靠营销。国内品牌中亚朵和宛若故里的故事营销算是个中翘楚。亚朵创始人遇见亚朵村，感受到了"人文情怀蓄底蕴，有情有义走四方"，随即亚朵——一个人文、温暖、有趣的生活方式品牌就诞生了。流动图书馆、属地摄影、邻里服务将故事再进一步地诠释，就打造出了如今的亚朵。宛若故里是一家民宿，倡导"像当地人一样生活"，通过乡村试验"宛若故里除夕·丽江腊排骨"、他乡种故乡众筹活动、闺蜜私奔记等一系列的营销活动打造一个有温度有态度的民宿品牌。创立仅三年的宛若故里同洲际、铂涛等大品牌入围2017HMC创新营销奖，并获得"2017年酒店创新营销冠军奖"。

酒店与IP合作是大势所趋，要顺势而为，但酒店要保持风格，保持特色。自建IP的过程是不断输出优质内容并与顾客交流的过程，在如今的住宿新时代中，这或许能为酒店在竞争与淘汰中奠定立足根本。

从Toyoko Inn看中国经济型酒店的突破之路

陈 阳 秦 宇

近年来，我国经济型酒店出现增速降低、出租率下降、消费者满意度下滑等影响产业可持续发展的重要问题，迫切需要找到解决问题的有效路径。这一过程中，借鉴国外同类型酒店企业的先进经验对解决现有问题有重要的意义，在这方面，日本的经济型酒店企业在运营方面有很多做法值得学习，我们以 Toyoko Inn（东横旅馆）为例进行分析。

1986 年成立的 Toyoko Inn 目前是日本最大的经济型连锁酒店集团，已有 269 家店，其中日本国内有 260 家，国外有 9 家。国外的主要分布在亚洲地区三个国家——韩国（6 家）、柬埔寨（1 家）、菲律宾（1 家），欧洲地区仅在德国开设了 1 家店。纵观其发展历史，可分为四个阶段：1986—2002 年为初创期、2003—2010 年为成长期、2011—2015 年为衰退期、2016 年至今为复苏期。阶段划分的依据从 Toyoko Inn 的开店数量可见一斑（见图 1）。有着这样的扩张速度，Toyoko Inn 从 5000 万日元的起始资金发展到 2016 年 5 月拥有净资产 563 亿日元，成为遥遥领先的经济型酒店集团。

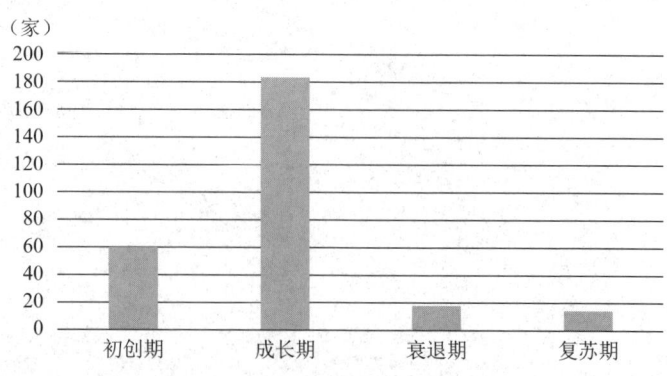

图 1　Toyoko Inn 各阶段开店数量

数据来源于 Toyoko Inn 官网

Toyoko Inn 的经营成功不仅体现在其发展速度之快，更为重要的是体现在其客房平均出租率上，2005 年酒店客房平均出租率已达到了 83.1%，直到 2010 年酒店客房的平均出租率依然能达到 82%，已远远超过日本其他酒店客房出租率 67.4% 的平均水平。

那么，我们能从它的经营发展中总结出值得我国经济型酒店学习的哪些经验呢？大致可以从交通条件、硬件设施、服务管理、运营管理四个方面来分析。

一、交通条件

酒店的选址取决于酒店的类型，休闲度假酒店一般选择在风景区，商务酒店一般选择在 CBD（中央商务区）或者交通枢纽处，通常为客流量大的区域。Toyoko Inn 被称为"现代车站前商务酒店"，顾名思义，其店址清一色地选择在火车站、地铁站和机场附近。韩国的 6 家分店全部都是步行 10 分钟左右即可乘坐地铁的，德国的分店开在法兰克福车站前，中国的分店当时开在沈阳西站附近（现已关闭）。在 OTA 网站的顾客评价中大部分都提到了交通比较便利，这对于商务顾客来说是十分方便的。同时，酒店有免费接送的服务，对商务顾客来说又是一大吸引点。

二、硬件设施

Toyoko Inn 的硬件设施秉承了日本建筑的风格，空间小，但设施齐全。我国的经济型酒店可以从空间利用率和硬件配套设施两方面借鉴 Toyoko Inn。

1. 空间利用率高

Toyoko Inn 对空间的利用可谓是无所不用其极，行李架会放在床下，因此床比普通的酒店的床要高，节省了行李架的空间。除此之外，Toyoko Inn 酒店是按人收费的，所以有时候会遇到这样的情况，双人间的两位顾客是完全不认识的陌生人，因此酒店会把浴室建在两张床中间起到阻隔作用，房间会配备两个热水壶。这样就避免了顾客尴尬不舒服的情况出现，同时减少单人间的数量，以节省空间。

2. 设备齐全

在空间面积小的情况下，Toyoko Inn 还配备了我国经济型酒店通常没有的设备，比如 Mini 版的冰箱、保险箱、加湿器等。除了这些，卫生间的马桶也比国内的要更智能，Toyoko Inn 的马桶配备智能马桶圈和自动冲洗装置，这比国内的经济型酒店提供了更高质量、更人性化的服务。

三、服务管理

1. 提供贴心温暖的服务

国内的经济型酒店一般都不配备早餐，而 Toyoko Inn 会给住客准备简单的日式早餐。虽是经济型酒店，但早餐却带有日式家庭旅馆的做派。Toyoko Inn 的员工大部分都是年长女性，这样的简单早餐会让住客感受到家的温暖。个别分店还会为住客提供宵夜，尽管是简单的煮面条，但对于经济型酒店的商务顾客来说这已是超值服务了。

2. 人性化的服务理念

在这家酒店官网做预订时，有很多附加服务，但默认都是不使用的状态，顾客有需要会自主勾选附加服务，不会出现搭售的现象。此外，2010 年 Toyoko Inn 为了扩张来自中国的市场，不仅将札幌 5 家分店的其中 1 家改为完全中国化的经营方式，店里的员工都是中国人，提供中文服务，还在开业当天邀请 250 位附近城市的华人来出席剪彩以及免费入住一天。同年，在沈阳开设了其在中国的第一家分店。这样的服务理念鼓励了更多的中国人来日本旅行，也为打开中国市场奠定了基础。

四、运营管理

Toyoko Inn 在运营管理上也有其独特之处，雇用女性员工、租赁房屋而不是购买、雇用年长员工等独特的运营理念，使得企业发展稳步并获得政府的支持和鼓励。

1. 女性员工比例远远高于男性员工

Toyoko Inn 现任社长正是女性。第一任社长西田宪正因为违法改造的问题被剥夺实权，他的女儿 Maiko Kuroda 即现任社长当时是家庭主妇，开始接手酒店的经营。由于这样的渊源，Toyoko Inn 开始雇用女性职业经理人，关注女性职业发展。该公司超过 250 家酒店中，97% 由女性经营，与日本的大多数行业男性占管理职位的 93% 左右形成鲜明的对比。同时，酒店的房间会放女性经理写的关于女性就业的书，从侧面激励女性顾客勇于追求自己的职业发展。Maiko Kuroda 说："女经理们努力工作，她们有一种战斗精神来保护她们工作的酒店和她们雇用的员工。"

2. 雇用年长的员工

Suzuki 是一位 60 岁的 Toyoko Inn 女性员工，她 20 多年前就开始在 Toyoko

Inn 工作，如今她依然是酒店的一名员工，做着酒店清洁的工作。她的经理 Noriko 说："年龄较大的工作人员组成了酒店员工的关键部分。从酒店的走廊走过，就会发现许多房间的清洁都是由老年员工完成的。"老年员工有其优势，工作年头长意味着掌握着长期职业生涯中获得的宝贵技能。在日本老龄化趋势严重的情况下，年轻劳动力越来越少，Toyoko Inn 酒店招募老年员工，既体现了企业的社会责任感，同时又获得了政府的配套支持。

3. 重视与当地社区的关系

Toyoko Inn 酒店通常通过租赁物业来开展经营业务，并在业主的帮助下慢慢适应当地社区的氛围。Toyoko Inn 始建时正处于日本的泡沫经济时代，当时的酒店集团盛行购买土地的所有权，但存在着相当大的风险，因此这家酒店决定以 30 年为期租赁，而不是购买所有权。同时，酒店没有餐厅或者宴会厅，会促使宾客去当地附近的餐厅或者健身房，这样做可以与当地社区一起成长。Toyoko Inn 特别强调酒店与当地社区的关系，追求二者共同发展。

4. 环保的营销理念

Toyoko Inn 官网目前的营销活动只有 4 种，除了针对商务顾客和孕妇的优惠活动，另外两个活动十分独特——连住环保方案和灰姑娘自由计划。"连住环保"即如果住客住两晚以上，其中一晚的房费便宜 300 日元，酒店不进行更换洗漱用品和清扫活动。这是既节省成本和人力又优惠顾客的营销手段。"灰姑娘自由计划"则是类似"今夜酒店特价"的模式，将每晚 0：00 之前没有卖出去的房间以特别价格进行出售。相比我国一些经济型酒店的复杂会员积分活动，经常令顾客不知所云，也不了解优惠在何处的营销活动，Toyoko Inn 的营销活动更加简单直接，活动规则简单不复杂，既赢得了口碑又节省了成本。

无论是对新进入者，还是目前寻求转型升级的经济型酒店来说，Toyoko Inn 的经验都值得学习借鉴。总结来讲，从酒店选址、装修到运营每个环节我国经济型酒店都能从 Toyoko Inn 学习到经验。比如开业前根据自己的市场定位选择酒店位置；房间装修时可借鉴其打造隐形空间的做法，充分利用空间；提供高品质的床上用品、浴室用品等来提升顾客住宿体验，可以适当提高房间价格完成升级转型；开业运营时制定简单透明的营销规则，传递给顾客实实在在的优惠信息以达成共赢；雇用当地外来务工人员或者年龄较长的员工，充分挖掘人力资源。

当然，我们应在充分考虑国内市场和顾客需求的前提下，有选择地借鉴日本经济型酒店的经验。比如，日本由于国土面积小，日本居民习惯于空间狭小，但中国人则不太能够适应空间过于狭小。因此，在空间利用上可以借鉴日本经济型酒店创造隐形空间，充分利用床下空间的做法，借鉴其浴室的设计等，而不可武断减少空间面积，造成消费者体验感差失。

通过此文，希望能为我国经济型酒店从近几年的衰退中找到重振的方法，也期待我们能有更加创新、更加本土化的方法来实现经济型酒店的可持续发展。

中国旅游企业创新浪潮与2017年旅游企业创新模式分析

李 彬

内容摘要： 本文对自改革开放至今40年中国旅游企业创新发展历程各阶段特征进行分析，之后对2017年近30家中国旅游企业的创新模式，从技术应用、商业模式、产品与服务模式等几个方面进行了总结。

一、中国旅游企业的三次创新浪潮

改革开放以来，中国旅游企业的创新浪潮大致出现了三次。

第一次创新浪潮肇始于改革开放之初，旅游业作为对外开放的前沿阵地逐步突破计划经济体制束缚，以旅游星级饭店业为代表的旅游业在吸收西方经验基础上创新形成的星级评定标准体系、服务标准化管理体系，不仅对当时旅游业中的旅行社、旅游景区有较大影响，更对其他行业和社会大众有重要影响，一些被历史检验的优秀模式与做法、理念与思维仍然植入在当今旅游企业的DNA中。

第二次创新浪潮开始于1999年，伴随着我国黄金周制度的实行，国内大众旅游的兴起，以及互联网在我国的发展，来自市场（旅游者）、技术、政策的多重驱动，使得携程、艺龙、去哪儿等OTA公司开始出现，它们通过互联网技术改变了传统的旅游产业链条，使得"OTA平台模式"在相当一段时间内成为旅游企业创新模式的代表，并一直影响到今天的整个旅游业。

第三次创新浪潮开始于党的十八大前后，伴随着我国出境游、自由行等新兴旅游形式的出现、大众旅游的爆发式增长，以及移动互联网、大数据、云计算和人工智能等新技术的兴起，特别是在"大众创业、万众创新"国家政策的推动下，市场、技术、政策的再次驱动使得中国旅游企业迎来了新一轮排浪式的创新浪潮。与前两次相比，由于旅游企业创新与新兴互联网技术、市场经济和商业逻辑紧密融合，使得创新的速度、频率和强度等有类似于互联网行业中的"摩尔定律"特征，加速了旅游企业创业创新的淘汰速度。据对我们跟踪观察的旅游创业公司样本的汇总，自2013到2014年快速产生的旅游创业公司，到了2017年有近三分之一被淘汰或濒临淘汰。这些融合了互联网基因的中国旅游企业依托强大的技术吸收与应用能力，针对旅游者消费需求升级与消费行为多样化、碎片化，通过对传统旅游运营管理进行升级与优化，产生了多元化、升级版的创新模式，也为中国广大传统旅游企业向提供优质旅游服务方向转型提供了借鉴。特别是党的十九大报告（2017年）明确提出的中国进入新时代大背景，将会把中国旅游企业第三次创新浪潮推向高潮。

二、2017年中国旅游企业创新模式分析

整体来看，与前几年"热闹嘈杂"的创新特征相比，2017年中国旅游企业的创新"中规中矩"。然而，我们认为，能在外部环境变化复杂的2017年顽强存活下来，能在中国新时代元年坚持连续创新、不忘初心、不断迭代，这本身可能就是中国旅游新时代下的创新特征，并将在旅游企业第三次创新浪潮中起到重要的承前启后作用。下面从技术创新、商业模式创新和产品与服务创新几个方面来解析2017年我国旅游企业的创新模式。

1. 技术创新

（1）技术赋能、数字化赋能的创新模式

运用技术思维、技术手段与资源为线下传统旅游企业进行面向现代服务业的赋能过程，提高企业的效率与能力，这是2017年技术创新方面的亮点。典型的企业如妙计旅行，2017年从C端正式转向B端，希望成为"旅行社的CTO"，通过人工智能方式对大数据进行挖掘与分析，为定制类、单团类旅行社提供行程规划，提高旅行社运营效率，总之，立足"帮助有服务能力的旅行社"。又如美团旅行，依托自身的大数据和信息技术对传统的中小酒店提供综合性、一体化的赋能服务体系，包括"开源—节流"的CD模式为酒店经营管理赋能、O2O式的教育培训平台为酒店的人才赋能、打造与酒店商家关联的HOS系统来激励引导和控制酒店商家的行为，让酒店在日常运营中拥有数字化的思维、方法论和基础设施工具，从而提高其经营管理水平。

（2）技术提升传统旅游运营与服务效率的创新模式

通过技术手段提高企业服务流程和服务系统的效率。典型的企业如6人游旅行网，2017年进入新三板，它运用"反互联网思维"，将企业定位在旅游服务

商,给小包团提供定制化服务。面对小包团定制游的成本、效率方面的巨大挑战,6人游通过将信息技术、信息系统与旅游前后台的服务流程进行融合,打造了一套现代化的旅游服务体系,如订单分发系统、报价系统、行程方案制作系统、财务系统、潜在用户营销系统等,大大提高了旅游服务流程的标准化程度和旅游服务的效率,同时也强化线下获客能力。2017年6人游经历了与携程的"分手事件"后,经营业绩仍然较好,这无疑增强了自身的模式自信与发展自信,从而告别了依托平台的"富士康"模式,形成了"苹果"模式。

(3)技术提升旅游者体验的创新模式

典型的企业如世界邦旅行网,为了解决游客在定制游过程中的"痛点"以及由此带来的后台服务的"痛点"而组织了百人的豪华技术研发团队自主研发技术系统,如 Pop Corn(爆米花)系统、全球自动计价系统、达人与游客聊天工具、达人与顾问的抢单系统、匹配行程的个性化地图、用户比价功能、签证办理系统、智能行程引擎、全球订单分发/收回系统、SaaS 系统等。世界邦解决了旅游企业定制游方面的"个性化产品规模化和规模化产品的标准化"问题,其推出的10万条超级自由行产品就是依靠这些技术支撑来完成的。

一些传统的旅游企业也通过技术来提升旅游者的体验,如山东东方国旅研发的旅游咨询收客交易系统"少掌柜",是有着上千种以上旅游产品可供选择的"移动旅游商城",游客在手机端通过关注"少掌柜旅游",系统会自动匹配到最近的店铺,找到最近的旅游顾问,充分体验在线咨询、在线选团、在线签订旅游合同、在线支付、语音视频分享、一键导航等功能,既提升客户体验也增强店铺销售能力。又如2017年故宫博物院与腾讯联合成立创新实验室,共同在人工智能、大数据、云计算等多个领域合作探索,提供一整套文化资源数字化与活化的解决方案,为新一代游客群体提供更多数字化、时尚化体验,这是运用科技创新向中国传统文化致敬的典范。

2. 商业模式创新

(1)B2B 平台模式创新

典型的如好巧网,2017年 B+ 轮融资 1.2 亿元。好巧网通过整合供应链,把上游能够提供酒店库存的供应商整合到平台后分销给下游的 OTA、差旅管理公司和旅行社等。同时好巧网也帮助线上旅游企业快速搭建酒店预订平台,向 C 端用户提供服务,以佣金形式分成,即 B2B2C 模式。此外,公司也提供 API 接口输出服务,输出酒店资源数据,帮助有开发能力的企业进一步整合酒店资源,打包产品售卖。

(2)共享经济模式创新

典型的如住宿领域的小猪短租，2017年E轮融资1.2亿美元，途家融资3亿美元，棠果旅居A轮融资1亿元，显示出住宿领域中非标准住宿的共享经济模式受到资本的追捧。这种将房东的空置房源放在平台上让顾客进行选择的C2C或B2C模式，尽管在交易模式上并没有太大创新，但在线上顾客与房东的网络互评、诚信体系构建，线下顾客与房东的互动交流、房源运营管理等方面凸显共享经济模式的创新意义。

(3)目的地碎片化产品整合模式创新

典型的如客路旅行，2017年融资两轮共计9000万美元。客路旅行聚焦旅游者个性化的出境自由行，这种旅行方式存在碎片化的需求，因此客路的商业模式聚焦于非标准、信息化程度低、品类庞杂、碎片化的"吃喝玩乐购"等单项产品和服务，通过技术手段打造全球供应商网络，并对目的地"粉末化"的产品在平台上进行整合。

(4)内容+数据驱动的场景化定制模式创新

由旅游攻略、社区、分享等形成的UGC内容模式是几年前热门的商业模式，然而这种模式在如何变现、如何商业化等方面没有找到突破口，还在继续探索。

2017年，曾经是旅游内容与社区模式代表的马蜂窝D轮融资1.33亿美元，被《哈佛商业评论》中文版评为"2017年度生活方式新物种"。它依托于内容和社区所产生的大数据，在此基础上深度挖掘自由行旅游者的各种情景化、个性化的旅行需求，进而设计"标准化定制+个性化定制"的产品，同时也为B端的各类供应商提供定制化服务。在内容与数据积累基础上的定制化模式与一般OTA或定制游公司的定制化模式有着显著不同，蚂蜂窝正在这个方向上不断探索。

另一个旅游内容与社区模式的代表穷游网则依托攻略内容结构化后的大数据，针对其人群的生活方式属性，一方面向"旅行+生活方式"助手拓展业务，孵化出了"JNE"、蓝莓测评等生活服务类品牌，另一方面进一步向游客行中的目的地服务拓展，如已在清迈、京都、皇后镇开业的Q-home，为中国游客提供信息咨询、周边旅游产品和问题解决等内容，提供厨艺学校、和服体验店、citywalk等针对中国游客需求的产品。

3. 产品与服务创新

旅游者的需求直接决定了产品与服务创新的方向，因此产品与服务创新是旅游企业创新最为重要的方面。

（1）深耕垂直市场的产品创新

关注于出境游包车平台的皇包车 2017 年 B+ 轮融资 2.1 亿元，深耕出境游中当地司机导游（司导）的包车服务，2017 年又为全球各地的司导建立目的地碎片化产品整合平台的采购池，司导可以在该平台上为用户订餐、买票等，同时皇包车对司导的服务质量管控、资质的审核与培训等方面进行着深耕。房车露营地也是 2017 年旅游垂直细分市场的典型，如开元酒店集团的芳草青青房车营地，采用的是轻资产运营模式，而奇瑞的途居露营则是重资产模式。

（2）定制游产品创新

2017 年定制游产品创新尽管依然"火爆"，但整体来看，并没有产生成熟的、有行业影响力的创新模式，这主要是由于定制游产品的获客成本高、缺乏高净值人群的存量资源，顾客群市场较小、资源库存相对缺乏，难以实现较大规模的复制与规模化。为了解决这些问题，一部分旅游企业试图通过技术手段来解决，如路书、世界邦、游心旅行、无二之旅等，一部分旅游企业则试图通过线下提供附加值更高的个性化服务来解决，如优翔、众信旅游的优定制和"一家一团"等。同时，部分定制游企业也开始考虑转向 B 端，如游谱旅行变身"本该旅行"，为旅游企业提供定制游技术、行程规划方案及产品采购解决方案，妙计旅行也开始为旅行社提供人工智能技术基础上的定制游解决方案。

（3）植入文脉的城市微旅行产品创新

这是传统的城市"一日游"的颠覆版，这种微旅行方式将城市的文脉、历史、人物等与旅行线路结合，开发出一个更具人文特色、精致体验的微旅行产品。如上海的稻草人旅游公司设计的一系列原创城市微旅行产品，如"寻访张爱玲""遇见静安""行走苏州河"等，给旅行者提供一股清新的、小资的、轻奢的微旅行体验。穷游网在清迈、北京等地推出的 citywalk 微旅行产品也是这方面的创新代表。

（4）旅游产品爆款模式

性价比超高的爆款产品是互联网时代下的产品创新思路，旅游产品领域还较少出现，但由雷军的小米科技投资的发现旅行则秉持小米的极致单品思路来做旅游产品爆款。发现旅行坚持"少即是多"的理念，拒绝"大而全"，主动控制并放慢目的地扩张的速度，以实现通过重度垂直的方式打造一系列性价比极高、体验度超出用户预期的爆款产品，再通过在聚焦线路和聚焦目的地的高频次采购直接掌控资源，继而获得对品质和成本的控制。创业四年来，主打性价比和高品质的发现旅行已经在年轻的出境旅游消费者群体中积累了较好的口碑。

（5）中国式服务创新

文化自信让一直以来学习西方服务管理的旅游企业开始探索中国式服务创新。具有人文特色的中端酒店亚朵酒店积极探索中国式的数据驱动下的个性化服务模式，将服务流程中的关键时刻进行产品化、情景化，出现了100%奉茶、3分钟入住、免费升舱、便签诗文、夜驿膳暖、吕曚路早等服务模式。

（6）植入文化与创意的精品酒店与民宿产品创新

通过文化创意理念、文化体验打造，将文创与住宿融合，典型的如将阅读、摄影与住宿相融合的中端酒店亚朵酒店，将中国传统文化与酒店产品服务相融合的精品酒店皇家驿站，以及将独特的地域文化、主题文化等植入到住宿产品与服务的花间堂（青普旅行）、诗莉莉等。

（7）旅游演艺产品创新

2017年旅游演艺产品向情景式、浸入式方向创新发展。一个创新方向是利用现代化的技术手段，如利用全息投影技术来打造新的视听感受，提高观众的浸入式体验，如在2016年G20峰会上首秀、2017年多次演出的张艺谋导演的"最忆是杭州"。另一个方向则是将剧场进行情景式打造，如武汉的知音号试图打造"全球首部漂移式多维体验剧"，将邮轮和码头作为舞台剧场，以在长江上漂移的方式进行演出，观众即为演员，深度参与到整个演出的体验过程中。

2018年旅游业创新模式与趋势分析

李 彬

2018年在文旅融合的大背景下，旅游业创新又出现了一些新模式、新思路和新趋势。本文将从技术应用、商业模式、产品与服务三个方面对2018年旅游业创新进行分析。

一、技术应用式创新

新兴技术在文旅场景下的应用是推动旅游业创新发展的重要驱动力之一，文旅领域中的技术应用式创新不断涌现。

1. 智慧旅游较以往有更为纵深和前沿的突破

依托互联网、人工智能、大数据、区块链等新兴技术，智慧旅游服务向顾客端和产业端两个方向推进。

在顾客端，技术正被用来打造新兴或升级版的产品与服务。2018年，在酒店领域，阿里推出的"无人酒店"，进一步将人工智能、大数据、物联网等新兴技术整合，使技术在酒店的全流程服务中发挥了更重要的作用。获得携程战略投资的云迹科技作为服务机器人的头部企业，从酒店服务机器人切入探索人工智能技术的应用创新，其发明的酒店机器人"润"服务全球500多家酒店，为携程的"Easy住"战略提供新动力。在线旅游企业领域，世界邦旅行网2017年底上线"AI旅行助手"，在自由行的人工智能服务领域迈上新的台阶。2018年底AI机器人所应用的场景已经扩充到220多种，释放了更多的人力劳动。该系统打造的是三位一体的"机器人+顾问+达人"新服务模式，在原有"顾问+达人"的服务模式上，通过技术的应用为用户自动匹配一个机器人助手，被称为"永不掉线"——不限时间、地点与用户随时交流、及时响应，在达人和顾问因休假无法及时接收用户信息时，机器人助手可告知用户并替其联络顾问与达人。

在产业端，2018年区块链技术带来的创新成为一个热门的话题，一些旅游企业依托这一技术手段开始探索区块链技术与旅游场景的融合。如 TOKING 试图改变 OTA 在酒店渠道端的高佣金模式、HIAPP 试图实现航旅资产数字化并打造行业信任体系、旅游点评平台优旅链利用区块链技术打造一个去中心化的旅游点评平台等。然而，正如中国旅游研究院院长戴斌指出的，区块链技术的商业应用还处于观念导入期，其商业模式和商业逻辑也尚不成熟，这一领域的创新尚有较长的路要走。

2. VR、AR、全息投影等技术结合 IP 落地，文旅领域探索沉浸式娱乐创新

例如，北京当红齐天打造的"SoReal·焕真"文旅 IP，在娱乐、教育、文化、旅游、体育、地产等领域进行实体项目落地或轻资产输出。又如，大连博涛文化自主研发推出了包括极限飞球在内的 360 度球幕系列产品，通过融合球幕成像、裸眼特效、动感震动平台等多种技术，集合球幕影院、飞行影院、多维影院、过山车等主流特种影院和游乐设备优点于一体，利用技术手段创新的游玩体验形式让观众能够身临其境地进行体验。

3. 装备制造领域技术应用带来文旅产品和服务创新

在装备制造领域，大疆无人机等科技企业带来了"上天"的旅游创新，而在"入海"领域，天津深之蓝的海底无人机产品则呈现大有可为之势。深之蓝自主研发的"入海"产品包括自主水下航行器、水下滑翔机以及缆控水下机器人等小型水下运动载体，除可应用于水下安保监控、水下打捞救助、水产养殖、水下科考等领域外，在水下拍摄、水下娱乐、海底婚礼、水族馆人鱼互动等旅游场景方面也可广泛应用，并且在增强水下旅游活动安全性方面也起到较好的保障作用。

二、商业模式创新

旅游业消费群体广泛，存在多个层面、众多领域的跨界经营，在商业模式创新方面拥有较多的探索实践。

1. 金字塔底部创新

金字塔底部创新是企业为消费者群体（市场）所形成的金字塔底端、供给厂商所形成的金字塔底端来提供产品和服务，会在商业模式上形成突破式创新，例如拼多多、喜茶等企业为代表的模式创新。

在 2018 年的文旅商业实践中这一趋势也得到验证，并将愈加明显。我国数量众多、分布广泛的三四五线城市被认为是未来拥有巨大旅游市场潜力的长尾市场。例如酒店业中，我国拥有 45.7 万家酒店，但中小酒店占比达到 87.3%，这是酒店业发展的巨大潜力市场。2018 年，取得爆发式增长的 OYO 酒店即是这一模

式的践行者。这家来自印度的经济型酒店平台公司，连续获得多轮大额融资，并在全国快速开店，短短一年多时间拥有的酒店门店数量超过如家、汉庭和7天门店数量的总和。OYO的创新，是通过与广大三四五线城市中的中小规模、经济型或廉价型的单体酒店进行合作，在特许经营、品牌输出、技术支持、装修改造等方面提供服务，抓住了这些酒店在经营收益、品牌化、会员体系、产品设计与改造等方面的痛点。这是金字塔底部创新带来的突破式创新结果。

2. 企业服务模式创新

（1）文旅财经咨询业务兴起

长期以来，文旅业咨询服务主要集中在项目的规划设计、景观设计、市场分析、营销方案等方面，然而，随着项目建设资金需求越来越大，以及资本运作空间的打开，越来越多的文旅项目财经咨询服务的需求呈现了出来，包括项目股权融资和债券融资，以及后续的并购和运作上市等。由此，传统的旅游规划公司都在争相升级咨询业务内容，投融资服务成为项目咨询的重要组成部分。另外，新兴的文旅财经媒体公司通过新闻媒体业务集聚行业资源之后，也开始扩展商业咨询服务，例如2018年再次获得融资的行业黑马新旅界，以及品橙、环球旅讯、执惠等都在探索这一业务模式。

（2）IP孵化业务模式显现

2018年被称为是文旅融合元年。在文旅融合发展的过程中，IP的价值正受到广泛的关注和重视，优质的IP既能带来良好的口碑，也能带来高溢价的商业回报。由此，为IP提供孵化和衍生品研发的企业服务也开始涌现出来。例如，2018年获得投资的52 TOYS和畅游新媒就是IP孵化服务提供商，既包括文旅项目及衍生品的IP孵化，也包括行业从业者和行业公司的IP包装。

（3）代运营服务边界进一步扩展

委托管理是酒店业较为常见的模式，适合于相对标准化的产品形态，而文旅业的代运营模式则产生于非标准产品和服务领域。例如，民宿行业由于兼具"诗与远方"的特质，长期以来，存在大量的个体民宿主，这些个体投资者，倾注了大量时间精力在运营上，但实际产出效果并不佳，需要专业的运营管理。

由此民宿代运营服务应运而生。例如，浙江黑樽定位于打造中国精品民宿顶级品牌的民宿代运营企业，旗下运营了多家网红民宿，2018年完成了数百万人民币的天使轮投资，计划3年管理30家精品民宿，借助核心创始人团队多年乡村民宿运营成功经验，不断完善会员系统、营销系统、管理系统和渠道先发优势，实现民宿连锁化经营。随着民宿行业的规范化发展，对于委托管理模式的需求将会越来越旺盛。

3. 媒体传播与营销模式创新

随着移动通信技术的发展，尤其是已经开始测试的5G技术的发展，未来视频将成为移动通信的主流模式，视频媒体将成为旅游信息传播和宣传营销的重要方式。这一模式的创新不仅对旅游企业、旅游目的地的营销创新有重要影响，更会带动旅游视频媒体行业及其商业模式的发展。

2018年，抖音、快手等短视频平台的流量和品牌影响力显著提升，其在旅游业的应用也变得越来越多，各大景区、主题乐园和旅游目的地纷纷开设了抖音、快手账号，诸多旅游目的地、景区、主题乐园等纷纷在抖音、快手等平台上通过视频媒体形式进行营销，由此成为吸引旅游者的"打卡"圣地。正是有这样的视频媒体营销需求，已经有一些旅游企业、投资方开始关注和投资这些新型视频媒体公司，旨在抢占未来营销阵地上的新高地，例如短视频流媒体服务平台NewTV即于2018年获得了迪士尼10亿美元的战略投资。

4. 产业协同模式创新

在产业发展逐渐深入的过程中，各行业领域将越来越垂直和细分，对产业服务商的资源整合能力正越来越高。由此，原有的B2B模式的竞争力将减弱，取而代之的将是S2B（S2B2C）的模式，这种模式具备资源整合、分工协作、产品和服务更丰富的特点，能够有效提升垂直领域产品和服务能力，对消费者而言，其付出的决策成本和消费成本也将更低。

2018年，八爪鱼公司开始尝试推进S2B模式，并在3月份上线了全新品牌"肥鱼"。作为S2B模式的重要一环，肥鱼首次实现目的地"直达+自选"大交通组合的国内长线品牌，建立实时库存，打造资源整合的超级供应链。可以预测，国内文旅产业细分领域将会逐渐诞生和发展出来更多的S2B2C模式平台公司。

三、产品与服务创新

无论新兴技术多么"高大上"，商业模式多么"吸引眼球"，作为以提供旅游体验为核心的旅游业，其创新的根本和核心仍然是产品和服务。2018年，我们观察到旅游业的产品和服务创新也有新的趋势。

1. 微细分市场的产品和服务创新

文旅产业演化的一个明显趋势是目的地微细分市场的形成，并会在各个微细分市场领域产生众多新兴旅游产品，这是大型旅游企业集团创新业务部门和中小文旅企业的创业活动都在关注的领域。2018年，可以看到滑雪旅游、海岛旅游、游艇旅游、亲子旅游、研学旅游、徒步旅游、森林旅游、精品民宿、房车露营地、主题酒店、境外包车、赛事服务等细分领域均有投融资事件发生，这些被投企业的产品和服务模式都有一定程度的创新，在一定程度上获得了市场的认可。

如在亲子旅游领域，麦淘亲子再获B+轮融资，主要进行自有IP"麦淘实验室"的课程研发和线下活动网点扩张，推动"旅游+教育"跨界合作。在酒店领域，电影主题酒店得到追捧，其中有戏电影酒店获得IDG领投的1亿元人民币投资。该酒店通过电影IP与酒店跨界融合，对存量的酒店产品进行文化包装和科技改造，如整体装修上融入不同的电影主题和场景设置，服务人员的工服换成电影中人物的服装，楼道变成电影长廊，以及其他与电影相关的衍生品等产品与服务，同时还增加了主题派对、影片发布会、粉丝见面会等用户互动活动，增加文化体验附加值。另外，东呈国际酒店集团投资的"殿影艺术酒店"，杭州住友酒店集团研发的爆米花影院酒店等都是类似酒店产品。

2. 沉浸式娱乐体验产品创新

沉浸式娱乐是2018年旅游演艺发展的新动向之一。更多旅游演艺公司加入，其推出的演艺节目不再追求场景的宏大，而是追求通过技术等手段打造精致的布景，同时通过剧情的设置和增加互动等方式，吸引游客沉浸到演艺节目中来，从而实现深度体验。例如万娱引力打造的"触电仙剑奇侠传"，是与嘉善新西塘越里景区合作打造的一个沉浸式体验节目。宋城演艺在2017年推出"我回大宋"节目后，2018年全面推出"我回"系列，如三亚千古情景区的"我回丝路"、丽江千古情景区的"我回茶马道"等。另外，山水盛典打造的《桃花源记》、华谊兄弟打造的《惊天奇案》、成都安仁古镇的大型公馆实景体验剧《今时今日安仁》、九华山旅游集团打造的《做客九华 问禅》等都在探索沉浸式娱乐体验产品。

出现如此多的沉浸式体验的旅游演艺产品，一方面和旅游演艺产品逐渐受到各个地方政府的重视有关，不仅可以带来可观的旅游收入，还可以作为非常好的营销宣传手段，另一方面，这些产品改变了传统的旅游演艺体验模式，提高了旅游者的参与性与互动性。

3. 酒店服务创新

酒店服务涉及较多服务流程中的细节点，因此大多数创新都是基于细节的、微观层面的改变。2018年比较有代表性的，如亚朵酒店尝试"无前台"服务模式、北京时光漫步主题酒店探索酒店服务的五不"政策"：不收押金、不查房、不收半天房费、不收赔偿费、房间内食品不收费等，并根据季节和社会热点事件在酒店前台设计主题活动跟顾客互动，如"红七月""诗词大赛活动""时光宝盒"和"水果节"等。

4. IP 研发及衍生产品创新

在酒店领域，IP 创新在于给酒店空间独特的文化内涵，打造独特的场景空间。2018 年，定位于人文精品的亚朵酒店即通过与众多 IP 合作打造了多个"IP 酒店"，如与网易云合作推出的"睡音乐酒店"，与虎扑合作推出的"亚朵 S 虎扑篮球酒店"，与同道大叔合作推出的"亚朵 S 同道星座酒店"，与腾讯 QQ 合作推出的"QQ 酒店"等。

在文旅小镇、主题公园等领域，IP 创新表现在虚拟内容的实景化，同时可以互动体验。例如，北京璀璨星空推出的京剧猫小镇，依托《京剧猫》这一融合传统文化和时尚卡通的 IP，在沉浸式互娱场景如 VR 体验乐园、主题嘉年华、校园艺术体育课程等方面落地实景化娱乐体验。

5. 不动产空间价值的文旅再创造

对于不动产的空间价值创造，房地产商、酒店集团、文创公司等都在积极进行尝试，特别是近期在众创空间、共享办公空间、社交空间等方面出现了较多创新。不动产空间的价值正在被再认识，正在以 IP 为依托，充分发挥空间在文化、艺术、社交、娱乐、商务等方面的功能价值，并将这些价值再挖掘，从而实现空间价值的提升。

例如，上海机遇空间旨在打造"全新的城市聚空间和超级 IP 剧场，全新的第三生活空间"，主要以 IP 为介质，形成融合咖啡吧、书屋、会客厅、工作室、活动厅、教室、POP-UP 市集、场景商户等功能的复合型空间，目前已在上海建设了上海机遇中心 IP MALL 中国旗舰店、位于北京 798 的机遇空间、位于杭州西湖的尚西湖机遇空间等。

新住宿时代下亚朵的"换道超车"与创新实践

杨露鹭　李　彬

在我国进入高质量发展的新时代背景下，酒店业也步入了新住宿时代。新住宿时代的最显著特征之一就是消费升级与注重生活品质与生活方式的中产阶级群体的崛起，这一特征也就对住宿业的"新玩法"有更为深远的影响。正如亚朵创始人王海军提出的，"新住宿时代是当前整个大住宿业发生解构、再重构过程的新时代。住宿业从'二维'走向'三维'，即从经营房间走向经营空间和人群的时代，这是一场新的商业生态的建立。住宿时代也是跨越单一住宿需求，从用户出发并基于房间，整合吃、行、游、购、文化，生活服务等生活场景体验的全新住宿业态和生活方式"。

在这样一个新住宿时代下，酒店业中既有一些"老玩家"在之前按部就班、中规中矩的经营管理基础上，开始慢慢探索一些新玩法，也诞生了一些"天生"就与众不同的新玩家。入选 2017 年《哈佛商业评论》（中文版）"新物种"企业的亚朵酒店集团便是新住宿时代下的代表性玩家之一。

据网络公开信息显示，从发展速度来看，亚朵 2015 年底开业 51 家，2017 年底 148 家，截至 2018 年 6 月 3 日，共开业 192 家，签约 528 家。从发展质量来看，根据亚朵和第三方网站官方发布的数据显示，顾客复购率 57%，GOP 率达到 68%，85% 的客源为自有客源，在某权威网站上的顾客点评得分平均 4.92 分，平均年回报率 27%。目前融资 3 轮，2012 年 A 轮融资 1600 万美元，2015 年 B 轮融资 3000 万美元，2016 年底 C 轮融资 1 亿美元。其成长速度之快，发展质量之高得益于亚朵从一开始就一直在探索自己的"赛道"，通过识别机遇、抓准时机、强力切入，借时代之势与创新之力推动自身的赛道转换。只有完成每一次小小换道的累积，才会实现在新住宿时代下的"换道超车"。

这种"换道超车"，其实是一种"有意识地偏离"既有路径的玩法。亚朵在初创的早期就种下"换道"的基因,并持续保持这种换道的节奏、速度和勇气,在换道的收益与风险中保持平衡,从而实现超车。当然,这种换道超车能够得以实现,是依靠创新来实现的。亚朵通过自主创新、开放创新、协同创新等多种创新方式来驱动每一次"换道"。具体来看:

第一次:在原有市场中探索有文化主题的精品化"中端酒店"模式

进入新住宿时代,中端酒店成为酒店市场的"宠儿"与风向标,出现了许多借势入局者。一类是和颐、全季等快捷酒店升级版的中端酒店,它们借助了过去经济型酒店的资源和能力,同时也留下了很多既有经济型酒店操作模式的痕迹。第二类是智选假日、雅乐轩等由原有高端酒店品牌向下延伸的浓缩版的中端酒店,它们沿袭了高端酒店的服务方式和服务品质,但在扩张速度、本土化运营方面还有待提高。第三类是以亚朵为代表的从公司创始时就致力于自主创新的中端酒店品牌,既强调注入文化内容,打造主题化、精品化和服务高品质,同时也要走连锁化、标准化的扩张道路。

1. 产品微创新

亚朵酒店使用好品牌、高品质、高投入的酒店"核心"产品。床品、棉织品配备,选择的是与皇冠假日酒店相当的一整套标准,甚至超过了行业里50%国际品牌五星级酒店的床品成本投入,保证顾客核心需求的最佳体验。并选用好的洗涤品供应商,定期实行水洗质检,通过"床品延长折旧期"来降低成本。茶具、桌椅"定制法",天花板、灯管"设计法",小件产品艺术化,通过这些微创新使顾客感觉到其核心价值在床、Wi-Fi、早餐等方面得到充分实现。还融入"阅读"和"摄影"两种文化主题,实现与顾客的契合与连接。

2. 服务产品化

服务增值理念驱动亚朵不断进行服务升级,将"惊喜"作为服务标准。提供具有中国特色的奉茶服务,增强"邻里服务感"。选用中国台湾服务团队设计服务产品并与中国式土狼销售相结合的方式,从而在品质与扩张速度两个方面实现领先。亚朵基于服务蓝图中的"峰终理论",将与顾客相关的关键时刻点拆分成十二个节点进行服务产品开发,推出"一触即发""别有甘泉"等亚朵"心服务"这一服务产品。

这里,服务产品化是考虑到了每个关键点的服务的成本、收益、顾客体验等多个要素作为产品来研发,使得每项服务直接面向顾客体验和企业收益。亚朵进一步针对不同的顾客属性和顾客的个性化需求,结合几年来积累的顾客大数据,通过亚朵心服务产品的组合，来实现服务的标准个性化。

3. 对加盟商的服务管理

亚朵完成了由特许管理部向特许管理平台的过渡，由与加盟商的契约合作关系转化为服务关系，成立由亚朵公司最高层管理者直接领导的特许管理平台，每周召开特许经营问题协调会议，由各部门管理者参加，共同解决特许经营中的各类问题。同时，制订管理规范与业主培训计划，实现特许与直营的同等标准管理。要求加盟商高度认同亚朵理念，对偏离航道的特许门店，无论业绩多好，都会果断清理。并且制定了加盟商每年5%的末尾淘汰率规则，设置了用户体验和员工体验两条基准线，每年考核，基准线以下的加盟商一律淘汰，以此保证了亚朵物业的高品质。

第二次：探索酒店空间作为消费场景而拓展出的模式

亚朵在作为中端酒店提供传统的住宿功能的同时，围绕"人文"和"服务"来不断拓展酒店场景，通过顾客的深度参与、与出版社和摄影师的合作，以及通过场景营销促使酒店自身电商平台和第三方电商平台的合作，使顾客在拓展出的消费场景上长期沉淀。

1. 顾客深度参与产品与服务设计

充分吸收顾客的意见，让顾客参与到产品与服务的设计环节是亚朵这一阶段的重要实践。为了体现与其他酒店的差异性，创造增量价值，亚朵始终重视对客服务，并努力将服务开发成可复制的模块化产品，以适应后续连锁化的发展。此时，顾客的意见通过网络点评和"随手拍"两种形式得到了重视，并对亚朵的"服务产品化"的形成具有重要的作用。利用移动互联网的线上交互功能实现线下服务质量的提升，并增强顾客黏性。

2. 书店和摄影师与亚朵合作拓展酒店产品

作为以"文化"为主题的酒店，亚朵试图将"文化"物化为诸多让顾客能够感受到的元素，其中，书店和摄影是其中的主要元素。亚朵将酒店大堂吧打造成有文化风格的"24小时图书馆"，命名为"竹居"。顾客可以本地借书、外地归还，无论在哪，顾客始终沉淀在亚朵的空间里。围绕摄影作品，亚朵首先"发动"了一批签约摄影师，他们可以在亚朵平台上举办摄影展、摄影分享会以及售卖摄影衍生品。同时，很多摄影师也成为会员，部分会员也将成为摄影师。这更加强化了亚朵与顾客间的"黏性"，顾客无形中成了亚朵的"员工"。

3. 利用空间场景实现与线上购买平台的连接

亚朵重塑了酒店与供应商之间的供应链关系，由之前较为传统的上下游交易关系转变为合作共赢的关系。亚朵充分利用酒店的空间，将其打造为与其顾客需求特征相一致的"消费场景"进行场景营销，一方面，酒店的供应商与亚朵共同设计完成这一"消费场景"，将自己的产品置入该场景中供顾客体验，并刺激消费，另一方面，亚朵秉持"可用即可买"的思路，很多产品在现场即可扫二维码进行下单购买，利用亚朵自身的电商平台，以及第三方电商平台（网易严选）实现了场景营销与线上平台购买的有机结合。

第三次：探索以中产人群的生活方式为拓展边界的模式

2016年，亚朵的战略定位从打造中端酒店向打造生活方式空间转变。"始于酒店，不止于酒店"，"从经营酒店，到经营空间，再到经营人群"，亚朵对外宣传的品牌形象也从"亚朵酒店"变为"亚朵生活"。"亚朵生活"的打造是基于亚朵用户人群的特质，以用户生活行为与消费行为为核心，突破酒店空间边界而拓展到生活方式空间，成为"亚朵生态圈"。

1. 顾客成为"产消者"和"投消者"

将用户作为"社群"，并组织更多线下的活动。例如，2017年12月16日，水墨艺术家李知弥做客南京新街口亚朵酒店，畅聊"生活的艺术、艺术地生活"。像这样的沙龙活动，亚朵一年要举办几十场，力求将有趣、人文的生活方式，与亚朵客人共享。使用户成为投资者，通过众筹方式增加黏性。亚朵用众筹方式使用户成为每个酒店的投资者，不仅对其投资的酒店经营管理和入住体验有更多的期望，而且也对亚朵整个品牌有较强的归属感。事实上，在2016年一年时间内，亚朵总共发起了六次众筹，共有5000多名会员参与了众筹，这些会员的平均住宿次数超过了10次，带来的会员增量都在10万以上。

2. 主题IP酒店连接亚文化人群

互联网时代，IP这种"自带流量的内容"成为社群运营的重要方面。亚朵在与用户进行深度互动的同时，也逐渐开始探索与各个拥有"超级IP"的组织进行产品合作开发。这种开发是基于那些对特定IP有喜好的社群而产生的，背后连接的就是与亚朵风格、类型相匹配的亚文化人群。自2016年以来，亚朵与诸多IP公司进行合作，共同研发了多个IP酒店和IP客房，是中国酒店行业里的较为突出的创新。

以上就是亚朵通过自主创新、开放创新、协同创新等方式驱动的"换道超车"。可以发现每一次换道的程度并不大，但是累积起来便是一次大换道，从而成功实现超车。

然而，需要注意的是，换道既可能"超车"也可能"翻车"或"撞车"，其风险是不容忽视的。首先，新的赛道很可能是其他行业企业的主赛道，对亚朵来说可能会因作为后进入者而不占据有利地形，同时会面临更多模糊的、不可预测的竞争对手，面对的竞争环境也更加动荡和充满不确定性。其次，一旦换道很难再换回来，如何权衡转换成本是需要考量的。再者，换道次数越多、程度越大，在消费者及忠诚会员的认知层面，越有可能会逐渐看不清亚朵到底是谁，也就是会出现"空心化"的认知风险。当然，亚朵也逐渐认清这一点，正在酒店的核心价值和服务的本质属性方面进行重新巩固与强化。最后，超车成功与否与车子本身的系统化性能是直接相关的，如果车子的底层操作系统达不到标准，在操作性不牢靠的时候就会翻车。所以，亚朵的价值观体系和管理体系（内功）能否打造出"高配版"的底层操作系统，并成为其"换道超车"的有力保障，使其未来道路畅通无阻，则需要今后我们持续关注。

此心安处是吾乡：民宿何以承载跨越时空的乡愁

翁怡圆　张　超

民宿很有意思，"宿"是旅行者流动的家，加以"民"字便和当地的民生民俗产生了千丝万缕的联系。小时候的故乡情，长大后的田园梦，都是人们心中最柔软的角落，能够安放乡愁的民宿没有不火的道理。然而，民宿很难做。你的乡愁不是我的乡愁，昨日的乡愁不是今日的乡愁，民宿与乡愁的渊源究竟在何处？是为其一。以更多满足人们精神需求的民宿，如何能够使无形的服务有形化，真正成为安放乡愁的载体？是为其二。我们选取曾吸引过久石让、朱丽叶·比诺什等名人下榻，也曾被猫途鹰（TripAdvisor）旅游网站授予全球最高卓越奖，以及美国纽约时报、英国Timeout等海外杂志专题报道的猪栏酒吧乡村客栈为例，以期解答上述问题。

民宿的力量在于守住乡愁再出发。古往今来，乡愁是不变的主题。李白的乡愁在举头望月之后低头的刹那，席慕蓉的乡愁是月明之夜清远的笛声，余光中的乡愁横亘于时空转换间不变的距离。如今的乡愁却是大有不同。当今社会飞速发展、快速流动，小时候的故乡或许已经不复存在，长大后的他乡或许早已是第二故乡。不论是否遇到故知，乡愁已经不再仅仅出现在唯一固定的地理空间，而是无时无刻不萦绕在心间，但似乎又总是无处安放。每个人心中的乡愁似乎都在沉睡着，等待着被唤醒的时刻，而民宿恰恰是能够激发人们唤醒乡愁的载体，"前途只闪烁着不定的星光，后顾却望见了飘扬的爱帜"，人们能够在唤醒的乡愁中汲取前行的动力，守住乡愁再出发。

猪栏酒吧三家店的选址都是有历史有故事的所在，尤以第一家西递店最为典型。西递店选址于安徽黟县西递古村落，被誉为"中国古代和现代历史的衔接点"。于古，这里有保存完整的数百幢明清古民居，一砖一瓦一路、一窗一门一梁、一花一木一水，无不激发着人们对古往今来逝水年华的追忆，穿越时空的乡愁正是落脚于此；于今，这里是闪耀在黄山旅游线上的明珠，素有"桃花源里人家"之称，悠久的文明、独特的民居、秀丽的山水、朴实的民风，催生着人们心中沉睡已久的乡愁，民宿的魅力恰恰是能够自由穿梭在不同的时空之间。

民宿的力量在于妙处悠然心会。有形生于无形，无能生有，有归于无，民宿有形的名字、建筑和设施都要发源于无形的精神和情怀之中。秉承着"大隐隐于市"的原则，猪栏酒吧在取名和设计之中处处体现出"大俗大雅"的特点。猪栏酒吧既没有猪，也没有酒。之所以取这一颇具"乡土气息"的名称，是由于第一家店在未经改造前曾被用作猪栏。这样接地气的名字出自两位诗人之手——猪栏酒吧的创始人寒玉、郑小光夫妇，客栈名字由此抓住不少猎奇游客的心。之所以谓之"大俗"亦"大雅"，是因其将百年徽文化熔铸于民宿设计之中，使历史的古韵与世俗的愉悦相兼。以西递店为例，从外观上看，它是一座隐匿于西递小巷里不起眼的古宅，但走进宅子，屋内的婉转楼阁及处处摆设，古朴雅致的雕花木床、天井泻下的斑驳交错的光，无不给人以穿越时空、时光倒流的畅想。

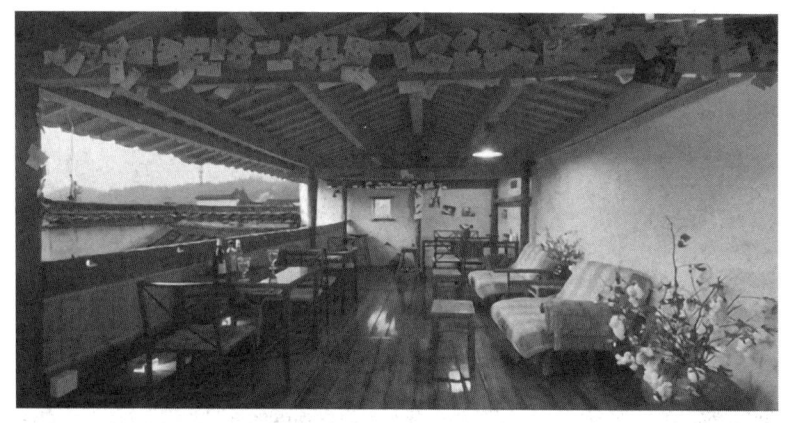

图 1　猪栏酒吧西递店

图片来源：百度

民宿的力量在于纵情故园悦乡心。遥想当年的纳兰性德，正是被故乡不曾有的风声雪声"聒碎乡心梦不成"。如今民宿住客的"乡心"也必定需要在曾经的"故园"中才能得到慰藉。猪栏酒吧严格在原有历史建筑基础上修旧如旧，尽可能保留"故园"应有的模样。猪栏酒吧西递店和碧山店都是典型的徽派建筑，为保持原貌耗费多道工序，先将木料砖瓦都卸下，清洗并检查未受损后，再按照房子原来的结构重新组装。即使需要更换部分零部件，也尽量寻找老料代替。这如"故园"般的新园，既使老屋原有的风貌犹存，粉墙黛瓦、庭院深深，又不似其他古宅一般晦暗潮湿、残破萧索。屋内窗明几净，家具和生活用品一应俱全，让住客不仅能感受到天人合一、淳朴自然的徽州建筑文化，还能享受到现代化、高品质的住宿体验。猪栏酒吧老油厂店屋内的大部分陈设是主人从各地淘来的老家具，油厂里曾经榨油的工具依然陈列在"车间"里，老旧的牛栏也能被利用改造成富有特色的物什，静静地诉说着往事前尘。

民宿的力量在于自在心闲不言中。自古以来，每个人心中都有一个田园梦，从陶渊明的"悠然见南山"到李白的"笑而不答心自闲"，人们从来没有停止过对世外桃源的渴望。猪栏酒吧主打高品质的返璞归真，以田园牧歌为特色，使乡村民宿成为城里人圆梦的地方。猪栏酒吧老油厂店坐落田间，依山傍水，90%都是开放式的公共空间，仅有19间客房。有限的客房数量确保每位房客都能从各个角度欣赏到如诗如画的田园风光。房屋内不仅配置有完善齐全的现代化设施，且设计中处处体现出自然主义精神。老屋选取当地的黄泥作为内墙和外墙，仿佛从泥土地里生长出来一般，与周围的青山绿水相得益彰。客房里的挂钩、镜子、窗帘杆等，多是将树杈枝丫进行简单的加工，满足了功能性就适可而止。此外，老油厂店还设有禅房、菜地和果园，住客在闲暇之际可以去采摘果蔬，或去往田野里骑行，抑或在草垛边仰望星空，与自然对话。

图2　猪栏酒吧老油厂店

图片来源：百度

综上所述，民宿的价值更多体现在其超越住宿功能之外的存在的意义。现代人无处安放的乡愁、无以言说的奇妙、无法返回的故园、无比珍贵的闲心，都能够在好的民宿中找到归属和慰藉。然而，住客对民宿这些异化于功能性的需求又需要通过功能性的设施得以实现，使民宿真正成为承载乡愁的所在，需要着重把握以下几个原则。

第一，主题性与功能性相结合，因地制宜，做成"民"宿。随着民宿业竞争逐渐呈现白热化，避免同质化竞争已成为业界共识，但仍有许多房东在追求差异化时步入了误区。首先，民宿设计应遵循马斯洛需求层次理论，在保障卫生、安全等低层次需求的基础上，再追求新颖奇特等高层次需求。例如，在四川某景区曾出现过一家全通透气泡酒店，酒店主打特色是360度全方位观赏周边的美丽风景，固然极富创新性和艺术性，但如何保障入住宾客的隐私安全也随之成为最大痛点。其次，民宿设计可以是高雅的，但也不能少了烟火气息。民宿中的"民"字，代表了住客对于当地民族文化、民风民俗的追求和渴望，部分设计师将乡村民宿的整体风格设计得过于抽象，反而会拉远与消费者的距离。

第二，原真性与创新性相结合，顺势而为，打造"故"园。修旧如旧是在保留古建筑的原真性，在尽量不破坏古建筑原貌的条件下，对其受损的地方进行适当修复。修旧如旧并不仅仅是为了修复和还原，而是为了更好地对古建筑加以利用，使其更宜居、更贴近当代人的理想生活。因而，民宿在设计与改造时，需要科学辩证地理解"修旧如旧"，努力寻找"新"与"旧"的平衡点。

首先，对于具有历史文化价值的古宅和旧址，尽量保持其原有建筑风格与布局，坚持在大方向上基本保持不变，于细节处精雕细琢；其次，乡村古宅往往拥有深厚的文化底蕴，在对其进行修复和改造时，尤其需要读懂其背后的历史人文，在此基础上确立民宿的整体风格，切勿将不同特色的设计元素随意混搭，避免产生不合时宜的"四不像"；最后，对于古建筑中存在的明显不合理处，可以在科学规划下进行适度优化。例如，针对老宅的采光问题，可以在不影响建筑结构的情况下，将白色作为空间背景主基调，并尽量采用开放式格局。

第三，田园风与城市范相结合，舒心服务，助力圆梦。好的民宿能够让住客在安放乡愁和追忆故园中汲取前行的力量，在体会奇妙与悠然自闲中焕发蓬勃的生机，这尤其需要重视硬件设施和软性服务的质量。选择入住民宿的消费者，大部分来自城市，主要以追忆、休闲、放松身心为目的。想要尝试新鲜事物是他们愿意舍弃标准化服务的酒店而选择入住民宿的原因之一，但好奇心和新鲜感并不意味着他们会大幅降低对民宿服务质量的期望值。消费者对民宿高层次的精神和情怀方面的需求，必须建立在对卫生条件和服务设施体验满意度较高的基础之上。提供放心舒心的设施和服务，是做好民宿的关键之重。

二十二年前，费孝通老先生说，"生命和乡土结合在一起，就不怕时间的冲洗了"。现如今，我们想说，当旅行遇见民宿，在他乡安下心来就是吾乡了。

后记：理想不易，却须坚守

本书中的所有文章均出自北京第二外国外国语学院旅游科学学院运营和管理的微信公众号"酒店学人"（北二外酒管院）。

自2015年8月创办以来，"酒店学人"微信公众号已经经历过整四年时间，对于我们关注和关心的中国饭店产业的发展历程而言，四年的时间并不算很长，尽管这期间我国饭店产业中发生的"故事"是如此的丰富多彩；但对于这样一个旨在扎根产业实践并为其贡献知识的自媒体平台而言，四年的时间却已不算太短，比起产业发生着的变化，我们的出发点并没有太多的变化，也说得上是践行了"不忘初心、牢记使命"。对我个人而言，这四年正好是我加入北京第二外国语学院酒店与旅游师资团队，并对饭店与旅游产业从陌生到熟悉、从观察到投身其中的过程，对一个人的职业生涯而言，与"酒店学人"共同成长的四年绝对是最值得被记住的。

然而，在"酒店学人"具体的运营过程中，坚守初衷和理想却并非易事，需要克服不少困难，比如一直存在的原创文章数量不足的问题，比如作者团队写作热情无法延续的问题，比如微信号自身难以持续改进和创新的问题等。由此带来的结果及具体表现包括：依然严重封闭、依然自娱自乐、自然青黄不接（在《酒店学人2019年新年词：反思、改变与再上路》一文中对此进行过详细剖析）。所幸的是，到今天为止，我们还未曾改变过初衷和理想，我们还在坚守的路上。而这本《酒店学人文集（2017—2018）》的出版，成为我们这个时期前行的重要动力之一，我们期许未来可以按照两年一本集子的速度持续出版"酒店学人"微信公众号的原创文章。

同上一本文章合集《酒店学人文集（2015—2016）》一样，这本《酒店学人文集（2017—2018）》的完成凝聚了很多人的关心、帮助和支持，在书稿即将付梓之际，我代表本书的作者团队由衷地表示感谢！

首先，感谢北京第二外国语学院旅游科学学院谷慧敏教授和秦宇教授，他们作为"酒店学人"的发起人和创立者,在不断贡献原创文章的同时,一直以各种方式关心和支持公众号的发展,给了运营团队莫大的支持。

其次,感谢本书中文章的作者们,除了秦宇教授、李彬副教授和我本人外,北京第二外国语学院旅游科学学院谷慧敏教授、张超教授、王俞博士、马双副教授、江静副教授、雷铭副教授等均贡献了多篇文章,对他们的工作由衷地表示感激。原酒店管理学院的姚睿书记、吕勤副教授、冉晓峰老师、颜雪飞老师、黄倩老师等对本书都曾给予过很多关注和支持,对他们表示敬意。感谢近两年负责"酒店学人"公众号日常编辑工作的五位硕士研究生,他们是张壮、姜姗姗、黄艳艳、陈心怡、曹瑗珂,感谢她们一年多来细致认真的工作。此外,感谢硕士研究生黄艳艳同学为本书文稿整理付出的努力。

最后,重复首部文集后记中的那句致谢,谨代表作者团队将本书献给我们的家人们!在这个时代身为学者不易,努力成为好的学者更不易,这其中离不开家人的理解和默默支持,因此这本书的诞生也包含着、体现着他们的奉献!

李朋波

2019 年 10 月

于北京第二外国语学院知行楼

责任编辑：刘彦会

图书在版编目（CIP）数据

酒店学人文集. 2017—2018 / 李朋波，秦宇，李彬著. -- 北京：旅游教育出版社，2020.1
ISBN 978-7-5637-4055-0

Ⅰ. ①酒… Ⅱ. ①李… ②秦… ③李… Ⅲ. ①饭店—商业企业管理—文集 Ⅳ. ①F719.2-53

中国版本图书馆CIP数据核字(2019)第294458号

酒店学人文集（2017—2018）

李朋波　秦宇　李彬　著

出版单位	旅游教育出版社
地　　址	北京市朝阳区定福庄南里1号
邮　　编	100024
发行电话	（010）65778403　65728372　65767462（传真）
本社网址	www.tepcb.com
E - mail	tepfx@163.com
排版单位	北京旅教文化传播有限公司
印刷单位	北京柏力行彩印有限公司
经销单位	新华书店
开　　本	710毫米×1000毫米　1/16
印　　张	12.5
彩　　插	2
字　　数	189千字
版　　次	2020年1月第1版
印　　次	2020年1月第1次印刷
定　　价	69.00元

（图书如有装订差错请与发行部联系）